THE ART OF
INTERVIEW

プロカウンセラーの
面接の技術

杉原保史
Yasushi Sugihara

JN028364

創元社

はじめに

カウンセラーの仕事は、日々、人と出会うことにあります。心に悩みを抱えた人と出会い、悩みをお聴きし、その悩みに何らかの変化をもたらすことが、カウンセラーの仕事です。そこではまず、相手との信頼関係を発展させることが何よりも大切です。というのも、悩みを理解していくためには、非常にデリケートな情報を率直に話してもらうことが必要だからです。恥ずかしくてとても言えないとその人が思っているような欲望、時おり心の片隅をかすめる邪悪な考え、遠い昔に封印した忌まわしい記憶…。カウンセリングの場ではこうした情報を率直に打ち明けてもらうことが必要です。そのためには、最初の面接の最初の瞬間から、信頼関係を確立する努力と工夫に努め、絶えず強めていくことが必要なのです。そうすれば、この人ともっと話したいという欲求が刺激され、自然に面接によい流れができてきます。

その上で、カウンセラーは、生き生きとした会話を展開させるように努めます。とはいえ、さまざまな理由から、面接は精彩を欠くものとなったり、緊張感を孕んだものとなったりして、行き詰まってしまうこともよくあります。そうした行き詰まりを乗り越えるためにも、カウンセラーは、日々、努力と工夫を重ねています。カウンセラーの多くは、ちょっとした言葉づかい、ちょっとした声の力み、ちょっとした間の取り方、ちょっとした注目のあり方などの違いが、その後の成り行きに大きな違いをもたらすことを経験し、その経験から学びます。そして、その学びを面接に反映させていくのです。

カウンセリングの専門書では、抽象的で包括的な理論と、それに基づく専門的な関わりの技法が解説されています。確かに、カウンセリングの実践においては、こうした高度の学術的で専門的な知識が必要です。しかしその一方で、現場のカウンセラーが、日々、試行錯誤しながら身につけていくクライエントとの関わり方の知恵や工夫も、実はカウンセリングの効果を陰で支える重要な要因なのです。

詳しくは本文を読んでいただきたいのですが、私には、カウンセラーのこうしたさまざまな知恵や工夫を、カウンセラーだけで専有しているのはもったいないという思いがあります。こうした知恵や工夫は、他のさまざまな目的でなされる面接でも役に立つのではないだろうかと思うのです。そんな思いから本書は生まれました。

世の中には、さまざまな面接があります。職場の上司や人事担当者が、あるいは学校の担任や生徒指導の先生が行う面接。企業や官公庁の人事上の面接や採用面接。資格審査のための面接。いじめやハラスメントの調査のための面接。警察官、弁護士、検事など警察や司法関係者の方々が行う聞き取りの面接。保険の調査員の方の面接。記者やライターの面接。政治家やその秘書が行う苦情や陳情の訴えを聞くための面接。仕事を離れた日常生活でも、人と会ってその人の話を引き出し、理解を深めていくことを目的とした面談の機会は多々あることでしょう。そういう場面で面接をする人のために、カウンセラーとしての私の経験が何か参考になればと思います。

目次
CONTENTS

プロカウンセラーの面接の技術

01 信頼関係を作る

面接を効果的に進める上で最も重要なことは、相手との間にしっかりした信頼関係を作ることです。長期にわたるカウンセリングの場合でも、最初の数回の面接でクライエント（相談者）との間にしっかりした信頼関係を形成できたかどうかによって、そのカウンセリングが成果を上げるかどうかがかなり予想できることが調査によって分かっているのです。それほど、信頼関係は重要なのです。

信頼関係がしっかりできていれば、相手は豊かな情報を与えてくれます。逆に、信頼関係ができていなければ、相手は防衛的となり、通り一遍の話しか出てこないかもしれません。面接で得られる情報のクオリティは、いわばその情報をもたらす土壌とも言える、関係のクオリティにかかっているのです。

自分が面接で得たいことを得ようとあせるあまり、相手との関係を無視していきなり本題に入っても、相手が心を開いて話してくれることは期待できません。まずは面接の相手との関係がどんなふうであるかに注意を向け、関係を作る作業から入る必要があります。

関係作りは、出会う前にすでに始まっています。そもそも面接の機会が持たれるということには何らかの理由があるはずです。その理由について相手はどのような理解を持っているでしょうか。また、面接に先立って、面接日時を決めるためのやりとりがあったはずです。そのやりとりを通して、相手はこちらにどんな思いを抱いているでしょうか。これらによって、面接の最初の出会いの前にすでに、関係は形成され始めているのです。

出会いの最初のあいさつと自己紹介は、関係作りの最初のステップです。きちんとしたあいさつは、相手への尊重を伝えます。名前を告げ、自分の立場を明確にすることは、相手に安心感を与えます。面接のおおよその時間や、面接が持たれることになった経緯、面接の目的や目標を伝えることもそうです。面接の最初のこうした小さな作業がどのように行われるかによって、相手からの信頼感はかなり左右されます。相手がしっかりとこちらの言うことを理解しているか、反応を注意深くリアルタイムでモニターしながら話すことが大切です。もし不安や不確かさや驚きを示すような表情がちらりとでも見えたら、先に進まず、何か疑問に思う点はないか、確認しておくのがよいでしょう。

01
信頼関係を作る

こうした細かな観察がとても大事なのです。とはいえ、面接者がかすかな反応も見逃すまいとぎらぎらと眼を光らせるような態度を取るのがよいと言っているわけではありません。そんなことをすれば、相手を警戒させてしまうでしょう。それに、ぎらぎらと眼を光らせるような能動的な観察は、しばしば先入観に誘導されたものとなりがちです。人は何かを見ようと意気込んで見ているとき、自分の見たいものしか見ることができません。それは一生懸命な観察ではあるかもしれませんが、繊細な観察とはなりえないでしょう。面接における観察は、リラックスした受動的な観察であることが望ましいと思います。

感受性という言葉があります。そこに「受」の文字が入っているのは、それが、ある種、受け身的な姿勢を基本としているからです。相手と面接している中で自分の内部に感じられる感覚にオープンになり、自分の内からわき起こる感情や感覚や思いを自由にさせるような態度が重要です。そのような観察によって、目を皿にして必死に観察するような能動的な態度の観察では得られないような、微妙な違いが感じ取れるようになるでしょう。これは大事なことなので、後の方でまた詳しく説明しましょう。

面接の中心部分は、面接者の関心に基づいた質問から成っています。どのような質問を作るかが非常に大事です。質問によって、相手の自尊心を傷つけたり、相手を責めたり、相手を見下したりするようなメッセージを不用意に伝えてしまわないよう、注意が必要です。求める情報を得るために、どのような質問をしていけばよいかは、技術的にかなりの工夫が必要な問題です。

「なぜ○○しないのか？」というような質問は、相手に「当然○○すべきだろう」という非難的なメッセージを伝えてしまいます。また「その当然のことをしないあなたは、私にとって理解できない存在だ」という疎外的なメッセージも伝えてしまいます。そうすると、相手は面接者との間に親しみよりは距離を感じてしまうでしょう。

また、「もっと具体的に」とか「もっと分かりやすく」とかいった要求も、相手に対して、今の話し方はダメなんだというメッセージを伝えることになりがちです。そうすると、面接者に話したいという気持ち自体が挫かれてしまうかもしれません。

こうした言い方は避けるべきです。同じことを伝えるにも別の言い方をする必要があるのです。たとえば、不登校を続けている生徒には「なぜ学校に行かないの？」と訊く代わりに、「あなたが学校に行っていないのには、あなたなりに何か理由があるんでしょう。それを一緒に探していきましょう」と言う方が、信頼関係を作りやすいでしょう。「もっと具体的に」と求める代わりに、相手の話が自然と具体的になるような巧みな質問を投げかけるよう心がけましょう。同じことを伝えるのにも、言い方は無限にあります。その中

01
信頼関係を作る

で相手との信頼関係を作り上げるのに最も効果的な言い方を常に心がけて面接を進めるのが巧みな面接者なのです。信頼関係を脅かさず、むしろ信頼関係を強めていけるような巧みな質問の技術については、この後、本書で紹介していきます。

いずれにせよ、面接者が相手を責める、非難する、軽蔑する、疑うなどの態度を取っていては、相手と信頼関係を結ぶことができません。どんなにあなたが、相手のことを悪人だと考えていても、どんなに相手を嫌いだと感じていても、面接を進めるためにはその人と信頼関係を形成していかなければならないのだということを忘れないようにしましょう。相手があなたにとっては許せないとか、愚かだとか感じられる考えを抱いていると確信できる場合でも、相手にそうした考えについて話してもらうには、相手なりにもっともな理由があるのだという前提に立つ必要があります。

交渉のプロがタフな交渉を行うとき、決して敵対的・威圧的な態度で臨むわけではありません。取り調べのプロが相手に自白させようとするときも、同じです。本物の名人の交渉や取り調べは、テレビドラマでよく描かれている脅すような雰囲気のものとは違うのです。穏やかなトーンで、相手と信頼関係を築きながら行われるのです。

02 目標についての合意はできているか

面接において信頼関係を築くために、大事なことがいくつかあります。ここではまず、「目標についての合意」を取り上げましょう

相手との間に信頼関係を確立しようと思うなら、面接者と面接相手との間で、面接の目標についての合意が形成される必要があります。「この面接の目標は何か」、つまり「この面接は何のために、何を目指して行われるのか」について、面接者と相手とが合意する必要があるのです。もっと具体的に言うと、「この面接が終わったとき、どういうことが起きていることが必要なのか」「この面接が終わったときに、面接の始まる前と比べて、どういう違いがあればよいのか」ということについて、双方が納得している必要があるということです。

02
目標についての合意はできているか

面接の目標についての話し合いも、その合意についての確認も一切ないままに、面接が始まり、進み、終わってしまうようなことがあります。このように、何となく面接を始めて、何となく面接を終わるというのはよくありません。それでは相手から信頼を得ることは難しいでしょうし、面接が成果を上げるとは思えません。

また、面接者と面接相手との間に目標の不一致があるのに、それを放置しているのも駄目です。たとえば、面接者は「面接の目標は面接相手の態度や考えを変えることだ」と考えており、一方で面接相手は「私は悪くないので変わる必要はない。私の周りの無理解な人たちが変わるべきだ」と考えているような場合です。こういう場合には、面接の目標の不一致について、何らかの修正の努力をして、合意を形成していく必要があります。それには、面接者が相手の目標を理解し、それに合わせていくという場合もあるでしょうし、面接相手に面接者の掲げる目標の有用性を理解してもらい、相手に合わせてもらうという場合もあるでしょう。

通常、面接者は、立場上、面接相手よりも優位にあることが多いでしょう。そのため、相手の目標をよく聴いて、その重要性や合理性を理解する努力を払うよりも、相手に自分の掲げる目標の有用性を理解させ、相手に妥協を求めることになりがちです。もちろん、そうすることが合理的だと思われる場合も多いでしょうが、もし常にそうなっているとすれば、バランスを欠いているのではないかと、一度、疑ってみてもいいでしょう。

たとえ自分の考えが有用だと思えても、相手の掲げる目標についてよく聴き、相手自身にとっての重要性をよく考える必要があります。そして相手の目標を追求することの効果が、たとえ自分の掲げる目標を追求することの効果より劣ると思われた場合でも、あえて相手の掲げる目標を優先してみてもよくはないか、検討してみましょう。というのも、相手にとって、自分の意見を尊重されるということには、それ自体の効果があるからです。それ自体に、相手の自尊心を高め、課題に取り組む意欲を高め、信頼関係を高める効果が期待されるのです。

とはいえ、面接者が妥協しすぎてはいけません。面接の目標は、当然のことながら面接する側も合意できるものである必要があります。たとえば、カウンセリングの場面で、中学生が次のように言ったとします。「目標は学校に行くこと。なぜならお母さんが行けって言うから。行かないとお母さんが怒るから」。こういう場合に、カウンセラーがこの目標をそのまま引き受けて、「じゃあ、学校に行くことを目標にしてやっていきましょう」などと面接を進めてしまうことがあります。これは面接のスタートの仕方として、かなり不健全なものだと言えるでしょう。

というのも、この目標は誰の目標なのか、よく分からないからです。もしかすると、こ

02
目標についての合意はできているか

の目標は、お母さんの目標なのかもしれません。この子はお母さんの目標を自分の目標にすり替えているのかもしれません。だとすれば、カウンセリングの目標としてこれは不適切です。目標は、本人の課題に沿ったものである必要があります。

もちろん、そういう場合でも、カウンセラーは、頭ごなしに「それはお母さんの目標だろう？　あなたにとっての目標は何なの？」などと問い詰めるようなことはしないものです。それよりも「君にとっては、お母さんの怒りをなだめることが、とっても大事なんだね」と尊重的に受けとめ、「じゃあ、お母さんに怒られないように、学校に行くことを目標にするってことで、いいんだろうか？」とフィードバックしてみるとよいでしょう。多くの場合、相手は考え直し、目標を調整してくれるものです。

また、面接の目標は、面接の作業が効果を持ちうる範囲のものであることが必要です。「環境破壊を止めること」「グローバリズムを終わらせること」「税金を引き下げること」などといった目標は、面接で何をどう話し合ったところで目に見える効果を及ぼし得ないものですから、そのまま面接の目標にするには無理があるでしょう。面接が効果を及ぼし得ないような壮大な目標を掲げてしまうと、面接は果てしない放談になってしまいます。とはいえ、他の目標で合意して面接をスタートさせたはずなのに、いつの間にか話題が壮大なテーマになってしまっているということはしばしばあります。こうした場合、本来の話題について話すことを避けるためにそうしたテーマに逃げ込んでいるのかもしれません。逃げ込める安全地帯を確保することも大事なことなので、ただちに逸脱を指摘して本来の話題に戻すことが得策とは限りませんが、面接者としては軌道修正を検討する必要があるでしょう。これは、面接で社会問題を話し合うべきではないという意味ではありませんし、社会変革を目標にするべきではないという意味でもありません。社会問題を話し合うべき面接もあるでしょう。その場合、そこから具体的な行動目標へと落とし込むようにすることが大事です。

カウンセリング以外の場面でも、面接者と面接相手との間で、面接の目標についての合意が不確かだったり、不一致だったりするために、面接の効果が損なわれている場合はしばしばあります。たとえば、「異動についての希望調査」だと言われて、そのつもりで面接に来てみたら、リストラの勧告だったというような場合。組織のあり方についての「意見の聴取」のための面接だと言われて、そのつもりで面接に来てみたら、上層部からの方針の一方的な通達の場だったというような場合。「交友関係についての調査」だと言われて、そのつもりで面接に来てみたら、いじめの取り調べだったというような場合。こういうような場合、そのような不一致があるままで面接が進行し、終わってしまうなら、しっかりとした信頼関係は形成されないでしょう。その結果、その面接で得られる情報の質はかなり損なわれる上、むしろ相手との関係性が悪化する可能性さえあります。

雑誌などの取材でも、インタビューを受ける側が取材の目的も意味も深く理解していない状況で、インタビュアーがただ質問をして答えをもらって終わりというケースがあるようです。こうしたケースでも、相手から語られる情報はかなり貧弱なものになってしまうでしょう。せっかくインタビューをしても、その相手が持っているポテンシャルが活かされていないとすれば、それは非常にもったいないことです。

03

さらに面接の目標について

もう少し面接の目標について補足しておきたいと思います。というのも、面接の効果を高めるために、目標についての合意を形成することは非常に重要だからです。にもかかわらず、このことは、プロのカウンセラーの面接においても、かなり雑にしか扱われていません。面接の目標に関して面接者と面接相手との間にずれや不一致があったり、目標が曖昧なままであったり、不適切な目標がはっきりと合意されてしまったり、ということが面接の成果を損ねていることがよくあるのです。

不適切な目標として非常によく見られるのが「死人の目標」です。奇妙な表現ですが、分かりやすいので、こう言っておきます。「死人の目標」とは、死んでしまえば達成されるような目標のことです。「ケンカしないようになる」「怒らないようになる」「不安でなくなる」「うつでなくなる」など。これらの目標は、いずれも死人によって達成されています。そのような消極的な目標ではなく、生きていればこそできる積極的な目標を掲げましょう。「仲良くする」「相手を尊重する」「リラックスする」「生きがいを感じることをする」など。

同様に、よく見られる不適切な目標に「他人についての目標」があります。「夫が怒らなくなること」「上司がもっと人間的に接してくれること」「彼女がもっと自律的になること」などです。他人の変化を求める目標が、純粋にその人を援助するためではなく、自分自身が楽になるために追求されるなら、かなり厄介なことになりがちです。他人についての目標が提示された場合は、他人がそのように変化するためには自分が何をする必要があるのかに焦点を当てて、目標を再定義していく必要があります。

また、主観的で抽象的な目標もあまり適切ではありません。「幸福になること」「不安でなくなること」「やる気が出るようになること」など。幸福は直接的に追求して得られるものではなく、逆説的ですが、結果を求めずに何かに取り組んだ結果、生じてくるものです。不安でなくなることを目標にすることは、不安を回避する構えをもたらし、よけいに不安に敏感にさせてしまいます。不安に無頓着になって、不安になろうが、なるまいが、やるべきことはやる（ただし取り組みやすいところから）という構えを持つことで、不安は低下していきます。やる気が出るのを待って、やる気が出たらやろうと考えてたら、いつまでたってもできる日は来ないかもしれません。やる気が出なくてもやることは可能です。そうしてやっていると、やる気が出てくるというものです。

さらには「幸福になる」「不安でなくなる」「やる気が出る」などの目標は、達成されたのか、されていないのかが、はっきりしません。実質的な変化は何もなくても、本人が達成されたと言えば、達成されたことになり、まだ達成されていないと言えば、達成されていないことになってしまいます。このような状況は、人を成長させたり、努力へと動機づけたりしにくいものです。目標は、他者から見て、そして本人自身から見ても、達成されたか、達成されていないかが、はっきりと判断できるものである必要があります。

そのために「幸福になったとき、何からそれが分かりますか?」という質問が役に立ちます。「あなたが幸福になったとき、あなたの身近な人は、どうやって分かりますか?何が違っていると気がつくでしょうか?」という質問も役に立ちます。このような質問を用いて、目標を具体的で行動的なレベルのものに書き換えていくことが必要です。

以上、面接の目標についての合意を形成することの重要性について、そしてその際にはどのような目標が適切であるかについて述べてきました。これは何も、面接は常に明確な目標を掲げて行われなければならないという意味ではありません。当てのない旅があるように、時には特に具体的な目標はないままに、互いに時間を共にし、語り合うこと自体が有意義だと思えることもあるでしょう。さらには、そのように目標なく面接を進めることについて、話し合って合意形成することもなく、暗黙のうちに互いに合意しているものと推察して進めることが有意義な場合もあるでしょう。現代の、特にビジネス上の面接の場では通常は許容されにくいと思いますが、そのような面接もあり得ます。合理性や効率性が過度に重視される現代社会では、そこから外れる面接の価値が不当に否定されがちです。その点について注意しておきたいところです。面接の目標についてここに述べてきたことは、そのような大きな視点から柔らかく受けとめられる必要があるでしょう。

04

面接におけるリーダーシップのあり方

面接者は面接場面における「リーダー」です。そのことを忘れてはいけません。とはいえ、相手にのびのびと話してもらうには、相手にかなりの自由を与える必要があります。つまり、何を話すのか、話題がどこに向かうのか、といったことを、ある程度、相手に委ねる必要があるということです。

このように面接者は、相手に手綱を委ね、相手の自発性を引き出して、それに頼って進めていくことと、面接者が話題を方向づけたり、焦点づけたり、広げたりして面接をコントロールすることとの間でバランスを取らなければなりません。これは面接者が抱える重要なジレンマの一つです。どちら側にせよ、いずれか一方が勝ちすぎると、面接の生産性は低下してしまいます。相手任せの姿勢になりすぎれば、面接者はリーダーシップを放棄

04
面接におけるリーダーシップのあり方

しているものと見なされ、相手から信頼を得られないでしょう。逆に、面接者があまりにも狭く硬く一方的に面接の方向を決めて進めるなら、相手はただ面接者からの質問を待って、最低限の答えだけを言うようになってしまうでしょう。面接が生産的になるのは、面接者と相手との間に信頼関係が形成され、面接が共同作業になるときです。相手任せでもなく、面接者任せでもなく、同じ空間にいるすべての人のリソースが動員されているとき、共通の課題に向かって共同で取り組んでいるときです。

たとえ相手に自由に話してもらい、自分はそれについていくという方針で面接を行う場合でも、そのようなやり方で面接をするということについて、相手と話し合い、合意を得て決定していくのは、リーダーである面接者の役割です。面接者には、リーダーとして面接の枠組みを構成する責任があるのです。面接相手から信頼を得るには、その責任をしっかり担っていることが相手に伝わることが必要です。

リーダーたる面接者は、フォロアーたる相手に対して、協力を求めます。面接は共通の目標に向かう共同作業であることを説明します。そして協力的なアクションが見られたときにはそれに気づき、それを取り上げて、強めていくようにすることが必要です。あまり協力的でない相手には、ただ面接に来てくれたということだけでも「よく来てくれました」と労うことが有効です。面接に来てくれたことは、相手がすでに成した小さな協力的行動だからです。常に、今すでにある協力的行動を認め、それを重要なこと、価値あること、賢明なこと、勇気ある行為として意味づけ、強めるのです。もしそのアクションを取っていなかったらどうなっていたかをイメージさせることも役に立ちます。その種のアクションを取らなかった人の例を挙げ、その人がどうなったかを話して聞かせるのもいいでしょう。たとえば、今日、面接に来ていなかったらどうなっていたでしょうねと尋ね、面接に来る勇気が出ずに先延ばしにしたために問題をこじらせてしまったケースを話します。そうしたケースを描くことによって、そのアクションの意義をくっきりと浮かび上がらせます。相手がそのアクションを取ったことは賢明だったと認め、感心してみせます。

このように、面接では、常に「そこにすでにあるもの」に正当な注目を与えることが有用です。相手が協力的でない、相手が話してくれない、相手に動機づけがない、相手に説明能力がない、相手に問題意識がない、などとこちらが嘆きたくなるときこそ、すでに今あるものに注目することが大切です。どんなことも、突然、出てくることはありません。すでに今ある小さな種を育てることによってしか、得られないのです。リーダーがフォロアーから信頼を得るには、フォロアーの貢献をきちんと認識して、それを正当に評価することが必要です。すでになされている貢献を無視して、もっと多くを求めてばかりでは、フォロアーの信頼を得ることはできません。

面接者は、このように面接の枠組みを確立したり、話題を方向づけたりして、面接が生産的なものとなるよう、全体を管理する責任を担っています。それと同時に、面接を生産的なものとするために、相手に協力を求め、相手の寄与を引き出し、相手に委ねてその進む方向に付き従う必要もあります。この両者は、一見すると相反する働きのように見えますが、実際のところは互いに互いを促進するような作業であり、一つの作業の二つの側面だとも言えるものです。面接は二頭立ての馬車であり、この二つが協力して働かないと前に進まないのだと言うこともできるでしょう。

05 オープン・クエスチョンとクローズド・クエスチョン

面接の流れをどの程度、相手に委ね、どの程度面接者が方向づけるか、という問題は、「オープン・クエスチョン」と「クローズド・クエスチョン」のどちらを使うかという技術的問題とも大きく関わってきます。

クローズド・クエスチョンは、日本語にすると「閉じられた質問」ということになります。「あなたは学生ですか?」「昨日、テレビを見ましたか?」「魚料理は嫌いですか?」といったように、「はい」か「いいえ」かで答えられる質問のことです。

一方、オープン・クエスチョンは、「開かれた質問」という意味です。「あなたは○○についてどんなふうに思っていますか?」「あなたの好きなことは何ですか?」「そのときどんなことを感じていましたか?」というように、「はい」か「いいえ」では答えられない質問です。

クローズド・クエスチョンは、質問ではありますが、そこには面接者の考えがかなり反映されます。刑事物のドラマでよく聞く「お前がやったんじゃないのか?」という問いは、相手の答え以前に、その問いを発している人物が相手を犯人だと考えているということを伝えています。そして、質問の受け手には狭い範囲の反応しか許さないので、相手は受け身になりがちです。クローズド・クエスチョンを連発する形で面接を進めると、相手はただ質問を待ち、それに答えるという構えになっていきます。

また、このクローズド・クエスチョンを連発してしまうと、とても窮屈な、いわゆる「取り調べ調」の面接になってしまいます。たとえば以下のような感じです。

面接者　最近、大学の授業を休みがちですね?
相　手　はい。
面接者　このままだとちょっとまずいと思いませんか?
相　手　まあ、そうですね。
面接者　大学を休んで部屋で何をしているんですか?

相　手　だいたいゲームです。
面接者　テレビゲームですか？
相　手　はい。
面接者　何のゲームですか？
相　手　〇〇〇です。
面接者　大学を休んでゲームして楽しいですか？
相　手　楽しいときもありますけど、あんまり楽しくないことも多いです。
面接者　じゃあ、大学に来た方がいいですね？
相　手　そうですね。
面接者　来ますか？
相　手　分かりません。
面接者　分からないんですか？
相　手　はい。
面接者　ご両親はこのことを知ってるんですか？
相　手　さあ。たぶんうすうすは感づいてるんじゃないかなと思うんですけど。
面接者　ご両親ははっきりとは知らないんですね？

05
オープン・クエスチョンとクローズド・クエスチョン

相　手　はい。
面接者　ちゃんと話した方がいいと思いませんか？
相　手　はぁ。話した方がいいんでしょうねぇ。
面接者　いつ話すつもりですか？
相　手　分からないです。
面接者　このままずっと隠しておけると思いますか？
相　手　そりゃ、いつかはばれるでしょうねぇ。
面接者　早く本当のことを話した方がいいんじゃないでしょうか。
相　手　はぁ。
面接者　ご両親との関係が悪いんですか？
相　手　よくはないでしょうねぇ。
面接者　ご両親がこのことを知ったらショックを受けるでしょう？
相　手　たぶん。
面接者　気の毒だとは思いませんか？
相　手　気の毒ですね。

このように、クローズド・クエスチョンを多用すると、相手は面接の作業を面接者任せにして受け身的な態度を取るようになっていきがちです。

これに対して、オープン・クエスチョンは、答えの自由度が高く、かなりの程度、反応を相手に委ねる効果を持っています。相手の自発的な反応を引き出し、面接に参加するよう誘うものです。面接者の考えよりも、相手の考えがより表現される問いかけです。

先と同じ状況で、オープン・クエスチョンをなるべく使うようにしてみたらどうなるでしょうか。オープン・クエスチョンを用いると、相手が面接に参加する度合いが格段に高まるのが分かるでしょう。

面接者 最近、大学の授業を休みがちですね？

相　手 はい。

面接者 そのことについてどう感じていますか？

相　手 まずいなーとは思ってるんです。でも何か行く気がしなくって。

面接者 行く気がしないっていう気持ちって、どんな感じですか？

相　手 何か気が重くて。身体もだるい感じで。しんどいんです。

05
オープン・クエスチョンとクローズド・クエスチョン

面接者　はー。そういうとき、どんなことがあなたの心に浮かんでいるんでしょうか？

相　手　うーん。研究室で、みんなが、とてもてきぱきと、どんどん研究を進めているっていうイメージが浮かぶ。自分はあんなふうにはできない。自分には無理だって思う。

面接者　それはどれくらい本当のことだと思いますか？　もしくはかなり空想に近い、あなたの勝手な思い込み？

相　手　うーん。落ち着いて考えれば、実際にはそんなことないんだろうなとは思います。でもそのときにはそんなふうに冷静になれなくて。

面接者　冷静になれないって、どんな感じなのかな？

相　手　かーっとなっちゃう。もうそのことしか頭にない感じで。もうダメだーって。

面接者　もうダメだーって思うんだね。

さて、ここまでオープン・クエスチョンとクローズド・クエスチョンを、「はい」「いいえ」で答えられるかどうかという観点で分けて説明してきました。けれどもこれは非常に便宜的な分け方であって、実際のところはそんなに単純ではありません。もう少し踏み込んだ説明をすると、両者の区別はその「形式」よりも、その「働き」によって理解する方が有用なのです。つまり、それまでの対話の流れを基にして相手の自由な反応を促進していく働きをしているか、あるいは逆に、相手の反応の自由度を狭めて話題をよりフォーカスさせていく働きをしているか、ということです。たとえば以下のやりとりを見てください。

相　手　母が病気で倒れて、入院したんです。
面接者　お母さんが病気で入院したことに関して、一番心配なのはどういうことでしょうか？

この質問は、形式的にはオープン・クエスチョンだと言えるでしょう。けれども、この場面で面接者は、相手がお母さんの入院を「心配している」という前提に立ち、相手にその前提に沿った答えを求めています。つまり面接者は、相手から、母親が入院して嬉しく思っているとか、ほっと安心したとか、ざまあみろと思ったとかいう多様な反応の余地を奪っているのです。その意味で、この質問は、形式的にはオープン・クエスチョンですが、実際の働きとしては、かなり反応の自由を奪うクローズド・クエスチョンになっているのです。

この場面で、もっとオープンに質問するとすれば、たとえば次のようになるでしょう。

相　手　母が病気で倒れて、入院したんです。
面接者　お母さんが病気で入院したことに関して、どんなふうに感じていますか？
相　手　不安だし、心配です。
面接者　お母さんが病気で入院したことに関して、一番心配なのはどういうことでしょうか？

　このように、ある質問がオープンであるか、クローズドであるかは、実際上は、見た目の形よりも、その働きによって区別した方が有用です。これまでの例から、オープン・クエスチョンとクローズド・クエスチョンは、白か黒かの問題ではなく、程度の問題だということが分かるでしょう。また同じ質問も、文脈次第でクローズド・クエスチョンになったり、オープン・クエスチョンになったりするということも理解できるでしょう。
　相手の反応に対して、どの程度、フォーカスを絞って反応の自由度を制限する方向の質問を投げかけていくか、どの程度、自由度をもたせて自発的な反応を促進する質問を投げかけていくか、ということが、面接の展開を大きく左右します。面接者は、どこで広げ、どこで狭めるか、どの程度まで広げ、どの程度まで狭めるかということを調節しながら、面接が生産的になるよう、進めていくのです。

06 相手の「私的で内的な世界」を尋ねる

多くの面接が、相手の考え、意図、欲求、希望などを知るためになされています。こうした情報は、その人だけにしか知りようがない私的な情報です。しかし、こうした情報はその人自身にさえ、はっきりしていないこともよくあります。

たとえば、カウンセラーとしての私が面接する相手の多くは、何が苦しいか、何が問題であるか、何がうまくいかないかについては非常に詳しくしっかりと述べることができますが、自分がどうなりたいのか、どうなったら解決したと言えるのか、「もうカウンセリングに来る必要もなくなったな」と思えるようになったときには現状と何が違っているのか、といったことについては非常に不明瞭であることがほとんどです。

大学に来なくなってしまった学生の多くは、単に動機づけを失って来ることをやめているというより、大学に来ることを積極的に避けるような振る舞いを見せます。けれども、彼らの大半は、避ける気持ちについては非常に曖昧で、はっきり説明できないのです。避ける気持ちを明瞭に体験すること自体を避けているからです。何年も留年を繰り返していたある学生が、カウンセリングがかなり進んだ段階で私に言った言葉が今も心に残っています。「僕は大学から逃げ出し、逃げ出していることを見つめることからも逃げ出し、そのことを見つめることからも逃げ出して、果てしなく逃げ出して歳月を費やしてしまったんです。」

このような本人によって避けられた体験領域について、いきなり直接的な質問をしても、ただちに有用な答えが返ってくることは期待できません。たとえば、「なぜ大学に来ないのですか?」などと尋ねても、有用な答えは返ってこないでしょう。その前にまず必要なのは、その体験を回避させているもの（恐れや恥）を和らげることです。つまりは、それを体験することは大丈夫なんだよと伝えることであり、思い切ってその体験に身を委ねるよう勇気づけていくことです。

自分自身の私的で内的な世界について、間違った情報を真実だと信じてしまっている場合もよくあります。

私が面接する人の多くが、自分はやる気がない怠け者だと間違って信じています。自分は親に対する愛情が希薄であると間違って信じています。自分は偽善者だと間違って信じている人もいます。自分は勉強が嫌いなんだと間違って信じている人もいます。こうした信念はしばしば長年にわたって強められてきたものであり、非常に強固であることもよくあります。

恐いのは、こうした私的で内面的な情報について問うていくような面接を行うことで、意図しないうちに、間違った情報を信じ込むように誘導してしまう危険性があるということです。第三者から確認できるような情報であれば、修正される機会もあるかもしれません。しかし私的で内面的な情報は、本人にしかアクセスできない情報ですから、そういう修正の機会が自然に訪れることはあまり期待できないのです。だから恐いのです。

学校に来ない生徒に「どうして学校に来ないの?」「やる気はあるの? ないの?」などと問い詰めていけば、その面接自体が、その生徒に「自分はやる気がない人間なんだ」という早まった、そして結局は間違った情報を信じ込むように誘導してしまいます。生徒が「やる気はあるんです」と答えても、「じゃあなんで来ないの?」などとさらに尋ねていけば、生徒は、この面接者は「やる気がない」という答え以外は受け付けないんだなと感じてしまうでしょう。そのうち、生徒は、「僕はやる気がないんです」と言い出すようになるのです。

えん罪の歴史をひもとけば、殺人事件のような重大事件でさえ、取り調べの面接の過程で、やってもいない人が「自分がやりました」と答えるようになったり、本当に自分がやったのだと信じ込んでしまうようにさえなったりした例がいくつもあるのが分かるでしょう。

人間は、つじつまのあった説明を求める強い欲求を持った生き物です。心の中のことは他者からは見えない、いわばブラック・ボックスであるわけですが、人間は、自分が理解できない行動に出くわすと、そのブラック・ボックスに対して分かりやすい説明を押しつけようとしてしまいがちです。学校に行かないのはやる気がないからだ。彼が私を避けているのは私のことが嫌いだからだ。あの母親が子どもを叩くのは子どもへの愛情がないからだ。このように、自分にとってすっきりする説明をつけて納得したくなるのです。これは本人でさえも同じです。自分自身が混乱しているとき、安易な説明で自分を納得させようとしてしまうのです。人間は、まともな説明がつかないままでいるよりも、たとえ自分にとって不名誉なものであっても、みんなが納得できる説明がつく方が安心できる生き物なのです。

実際の相手の行動や様子をありのままに観察すれば、その「分かりやすい説明」が本当には説明になっていないこと、とりあえず分かった気になる安心感のためだけに役立っていることは、すぐに判明するはずです。

07 話してくれない相手

面接者から「相手が話してくれないから、得られる情報が少なくて…」という声を聞くことがあります。きっと同じように感じている面接者は多いでしょう。でも、それは言語情報だけを情報だという前提に立っているからです。対象者が面接室に入ってきた瞬間から出て行く瞬間までのその人の存在のありようのすべてが情報だと考えてみてはどうでしょうか。その人のあいさつの仕方、歩き方、椅子に腰掛ける様子、姿勢、表情、視線の投げ方、声のトーンなど、あらゆることが情報です。言語的な内容だけでなく、こうした非言語的なコミュニケーションも含めて面接のプロセスそのものが情報なのです。そう考えるなら、その人がどれだけ話したかによって、情報量が増えるわけではないことが分かるはずです。

07
話してくれない相手

実際、人は相手を煙に巻くために、たくさん話すものです。饒舌な人ほど、肝心なことは何一つ語っていないのかもしれません。それとは逆に、ぼそっと発せられた一言が、とても重いものであったり、とてもその人らしさを表現するものであったり、心を揺さぶるものだったりすることがしばしばあります。

たくさん話すことは、もしかしたら不安や緊張の表れかもしれません。何かを隠すために、どうでもいいことをまくし立てるように語る人もいます。人はやましさを感じながら言い訳をするときには言葉が多くなりがちです。

あまり話さないのも、不安や緊張の表れかもしれません。あるいは用心深さの表れかもしれません。憂うつな気分なのかもしれません。あなたとの面接に非協力的なのかもしれません。

話すか、話さないかが重要なのではなく、どのように話すのか、どのように話さないのかが重要です。

話しぶりの特徴自体を話題にすることで、面接が大きく展開することがあります。ある女性は、一言一言を絞り出すように話していました。面接者が「うーん、うーん、と苦しそうにお話しされますね。言葉を発するのに、大きなバリアを突破しないといけないみたいに苦しんでいるように見えるんですが、実際、どんな感じですか？」と尋ねてみたところ、

「こんなこと言ったらどう思われるだろうとか、こんな話はしない方がいいんだろうかとか、いろいろ考えてしまうんです。そういう思いを押し切って、話すように頑張っているんです。ごちゃごちゃ考えずに、すっと言いたいことが言えたらいいんですけど…」という答えが返ってきました。そこから彼女は、それまでとは打って変わって、涙を流しながら「人の目を気にしてごちゃごちゃ考えてしまう」ことについて生き生きと話すようになったのでした。

話さない人との面接では、相手が話さないでいることを許容しながら、面接者がモノローグ的に語りかけることが有用な場合もあります。ある若い女性は、面接の開始から、ずっとうつむいて言葉を発することなく、ただ泣いていました。面接者は「今、何が心に浮かんでいるのですか？」「その涙に言葉があるとしたら、何て言うんでしょう？」などと質問を投げかけてみましたが、やはり相手はうつむいて泣いていました。そこで私は静かにモノローグを始めました。「あなたの心には今、つらいことや悲しい思いが一杯なんでしょうね。そういう思いに圧倒されて、ただ泣くことしかできないように感じているのかもしれません。もしかすると、わけも分からずにただ涙があふれてきて、あなた自身も戸惑っているのかもしれません。無理に話す必要はありません。涙のもとにあるその思いを、ただありのままにじっくり感じる時間を取るのも大事なことです。その思いを解放して、あ

07
話してくれない相手

なたの心の空間を自由に行き来させてあげましょう。つらさや悲しさもあなたの大事な経験ですから。ゆったりと呼吸しながら、そうした感情を心に迎え入れて…」

彼女は私のモノローグに反応して、いっそう激しく泣きました。そしてその後、ぽつりぽつりと自分の気持ちを話し始めたのです。人によっては、モノローグの途中で、私の言葉を遮って「違います！　そういうんじゃないんです！」と訂正することもあります。それはそれでよい兆候です。面接者がその発言に興味を示して聴いていけば、そこから対話が始まることが多いのです。

どうにもなかなか話してくれない人もいます。そういう場合でも、落ち着いて穏やかに対応することが必要です。面接者に相手に話させようと頑張る構えがあると、こういうとき、どうしてもイライラしがちになります。そのイライラは必ず相手に伝わります。そして、その結果、よけいに話しにくい雰囲気をもたらしてしまうのです。話させようと頑張らず、話すか話さないかは、完全に相手に任せるつもりで臨むのがよいでしょう。相手のありのままを認める構えを持つことが、結局は、相手の反応性を高める王道なのです。話させようと頑張って、発話量が増えたところで、得られる「情報」の量が増えるわけではないのです。そう考えれば、言葉が少ない相手を前にしても、話させようと無理をすることなく、楽な姿勢で臨む助けになるでしょう。

08

「本音」は引き出すべき？

「どうやったら相手から本音を引き出せるのでしょう？」

よく尋ねられる質問です。このように尋ねる人は、相手は建て前上の言い訳や言い逃れを述べているだけで、本音を話していないと考えています。あるいは、相手は偽りの仮面を提示しており、その下に真実の自己を隠しているという見方に立っています。そして、何とかその偽りの仮面を引きはがして、その下に隠されている真実の自己を引っ張り出せないかと画策しているのです。

私はこの手の質問にうまく答えられません。というのも、そもそも私は面接しているときに、相手をそのように見ていないからです。私が面接しているのがカウンセリングという文脈だからかもしれませんが、私は、相手は常に協力的に話してくれていると考えます。相手は常に本音を話していると考えていると言っても構いません。ただ、私は「本音」という言葉を用いません。そもそも、本音という言葉自体が、本音と建て前という二面性の存在を前提にした言葉だからです。

もちろん、私も面接しているとき、カウンセラーの立場から見て、相手が言い訳的な話をしている、愚痴を話している、堂々巡りの話をしている、延々と迂遠な説明をしている、などと感じられることはあります。けれども、それはあくまで第三者的な視点に立ったときの話です。本人の立場に立って考えれば、その人なりに、面接の目的に沿った話をしようとしてその話をしているのです。わざわざ本音を隠そうと頑張っていることなど、まずありません。

むしろ私は、その人の中に「生きられている部分」と「生きられていない部分」とがあると考えます。もっと正確に言えば、「十分に生きられている部分」と「生き生きと生きられていない部分」とがあると考えます。そして、多くの面接者が「本音を引き出したい」という言葉で表そうとしているのは、「十分に生き生きと生きられていないその人の部分に声を与えたい」「十分に生きられていない部分を表現しても大丈夫なんだよと安心させてあげたい」「生き生きと生きられていないその人の部分に、声を上げてもいいんだよとエンパワーしたい」ということなのだろうと私は解釈しています。

だから、誤解を恐れずに言えば、私は、面接中、クライエントが話していることに、あまり関心が湧かないことがあります。今、十分に生きられている部分が、十分に話している話は、それ以上、扱う必要がないからです。その部分はそれでいいのです。むしろ私の関心は、クライエントの中の、今、十分に生きられていない部分、声を上げられていない部分に向かいます。そのかすかな声を聞き取り、拾い上げたいと思います。

本音を引き出したいとは思いません。もし「本音」と言えるものがあるのなら、それがクライエントの中に存在しているのなら、今ここでそれをただありのままに感じ取ろうと思います。そのかすかな感触をじっくりと感じるのです。それが存在しているのなら、まったく姿を現さないでいることはできません。ちょっとした言葉の綾、言いよどみ、振る舞い、などにすでに表れています。肝心なのは、すでに表れているかすかな兆候を拾い上げることであって、まだまったく表れてもいないものを引き出すことではありません。

たとえば、ある人が「調子いいです」とか「こんないいことがありました」などと報告しているとしましょう。でも、その声は沈んだトーンで、表情は平板で、その上、時おり、ふと床を見つめて沈黙するとしましょう。たいていの人は「この人は本音を語っていない」

と考えるのでしょう。そして、この人から本音を引き出したいと考え、努力するのかもしれません。その結果、「さっきから、無理して作ったような話ばかりしているね」とか「本当の気持ちを言ってくれるかな?」などと言うのかもしれません。

むしろ私は、この人の中に現にあって十分に生きられていない、十分に表現されていない部分の、すでに表れている兆候を拾い上げたいと思います。たとえば「調子いいんだ。それはよかった。それにしては、浮かない表情だね」といったように。

09 相手に語らせる

面接で相手に語って欲しいことは何でしょうか。カウンセリングであれば、クライエントに力強い言葉を語って欲しいです。目標を語って欲しいです。そこに向かう意気込みを語って欲しいです。それを目指すことが自分にとってどれほど大切なことかを語って欲しいです。過去のつらかった体験で、整理がついていないような体験があるのなら、語って欲しいです。自分の気持ちや欲求や考えを、率直に語って欲しいです。

面接では、その人に語らせることが重要です。それを促進し、邪魔しないことが重要です。けれども、しばしば面接者は、意図せず、促進する機会を逃し、邪魔してしまいます。

相手が過去の傷つき体験を語り始めたとき、「もういいじゃないか」とか「終わったことだろう」とか「大丈夫だから、もうそんなこと考えないでいいよ」などと言って慰める

09
相手に語らせる

人がしばしばいます。つらい話を聴くのはつらいものです。そのせいでしょうか、慰めが結果的に相手の話を抑え込み、相手が語る機会を奪ってしまうのです。

むしろ、こういうときこそ、相手が語るままに語らせ、ともにつらさを味わい、その体験をありのままに展開させましょう。それこそが、相手の体験を理解することです。慰めはその後で結構です。

相手が喜ばしい内容を話しているときも同じです。たとえば、カウンセリングにやってきては、毎回、「仕事がつらい」「やり甲斐がない」などと訴える男性がいるとしましょう。その人が、今度、学生時代の部活の友達と久しぶりに集まるのが楽しみだという話をします。こういう場面で、「ああ、それは楽しみだよね」などと言えば、この話は、それ以上、あまり発展しないかもしれません。でももしそこで、「へえ、部活の友達と会うことが、あなたにとって、どうしてそんなに楽しみなことなの?」「よく分からないんだけど、部活の友達と会うことは、あなたにとってどういう意味があるの?」などと疑問を投げかけていけば、どうでしょうか。「学生時代、僕は部活仲間と一緒につらい練習を乗り越えてきたんです」「仲間と一緒なら、どんなつらいことでも頑張れる気がするんです」などと力説し始めるかもしれません。さらには、そこでまだ分かったことにしないで、「へえ、そうなの? どんなふうに?」と尋ねていけば、相手はもっと熱く語り始めることでしょう。

物分かりが悪い態度は、相手に語らせるのに役立ちます。あまり物分かりのよい聴き方をすると、相手は語る必要がなくなってしまいます。このことは、結局は相手が大事なことを語る機会を奪っているのです。

「物分かりが悪い態度」と同じように、相手に語らせる技術として、「聞こえないふり」があります。たとえば、飲酒による問題がある人と面接をしていて、「お酒とのつきあい方だけど、あなたはどうしたいのかな?」と尋ねた場面で、相手が頼りない声で「まあ、やめたいですね」と言ったとします。そこで、面接者はちゃんとその発言を聴き取っていても、まるで聞こえなかったかのように振る舞い、あえて「えっ?」と尋ね返すのです。そうすると相手には「お酒はやめたいです」と、もう一度、はっきり言う機会が与えられます。この言葉はとても大事な言葉なので、はっきりと言って欲しいからです。相手に言って欲しい言葉、相手がそう言うことによって前に進めると思う言葉は、繰り返しはっきりと言ってもらうことが有用です。だから聞こえないふりをして「えっ?」と聞き返すのです。

ちなみに、これに続く面接者の言葉は「そうなの? お酒をやめたいの? どうしてそう思うの?」です。物分かりが悪い態度を取って、相手にその理由を力説する機会を与えるのです。

10 相手の答えよりもあなたの質問が鍵である

通常、面接は何かを知るために行われます。つまり、たいていの面接の目的は、相手に何かを尋ねることにあるのです。

したがって、重要なのはあなたの質問です。決して相手の答えではありません。面接の成果を左右する鍵は、あなたの質問にあるのです。陳腐な質問しかできないのであれば、面接が生彩を欠くことになっても仕方ありません。どんなに興味深い人物でも、面接者がつまらない質問しかできなければ、つまらない面接にしかならないでしょう。

相手が興味を抱くような質問、相手が答え甲斐があると感じる質問、その質問に取り組む中で相手がより生き生きしてくるような質問ができるとよいでしょう。逆に言えば、尋ねられて白けるような質問や、面接者と話す気持ちが削がれるような質問は失敗です。

たとえば、飛行機恐怖症を訴えてカウンセリングに来たクライエントに「なぜ飛行機が恐いんですか?」と尋ねるのは不可解な質問です。その質問に答えられるのなら、相談になど来ないだろうからです。そんな不可解な質問をする面接者に、これ以上、真剣に話す気になれるでしょうか。

質問を発している面接者は、自分はあくまで相手から情報を引き出そうとしているのだと考えており、質問することによって自分が情報を「発していること」に無自覚なことが多いと思います。質問はあなたのことを伝えます。あなたの理解度を伝えます。あなたの立場や考えを暗黙のうちに伝えてしまいます。

たとえば、会社のリストラ方針で退社を勧告された中年の男性が、そのことを妻に言い出せないと悩んでいるとします。その人との面接において、「リストラについて話すことのいったい何がそんなに難しいんでしょうか?」と質問するなら、それは面接者が「リストラについて奥さんに話すことは本来簡単なことだ」と考えているということを伝えてしまいます。そう尋ねられた相手は、面接場面において、自分は本来簡単なはずのことさえできない人間だと見なされていると感じるでしょう。

もし面接者にそういう考えがなくて、なおかつこういう質問がしたいのであれば、もっと別の訊き方をする必要があります。「そうですね。確かにリストラについて奥さんに話

10
相手の答えよりもあなたの質問が鍵である

すことは難しいでしょう。でも、難しさにはいろんな要素がありますよね。どういう要素が難しいかは人によって違うものです。あなたにとって、それを奥さんに話すことに関して、一番難しいことは何ですか？」といったように。

面接者が求めている情報を相手にストレートに聞くことが、その情報を得るためのベストな方法だとは限りません。というのも、求める情報は、相手に直接的に尋ねても、答えられないことがとても多いからです。むしろ、相手が答えられる質問を注意深く尋ねていくことによって、結果的に求める情報に辿り着くことを目指した方がよいことが多いでしょう。

たとえば、「どうして学校に行かないのか」という情報は、学校に行かなくなった生徒との面接において、面接者が得たいと望む主要な情報の一つです。けれども、その生徒に対して「どうして学校に行かないの？」と尋ねても、まともな答えは返ってこないでしょう。その代わりに「学校に行くところを思い浮かべると、どんな気持ちになるの？」「学校に行くこと、あるいは行こうと思うことはあるの？　あるとしたら、そういうときと、そうでないときとは何が違うの？」といった質問を尋ねていくのです。こうした質問に対する答えから、「どうして学校に行かないのか」が、生徒自身にも、面接者にも徐々に浮き彫りになってくるのです。

11 第一印象の重要性

人と会うときは、第一印象が大事だとよく言われます。

この「第一印象」とは少し違いますが、カウンセリングにおいては「初回面接」が大事だとよく言われます。たとえカウンセリングが長期に及ぶ場合であっても、最初の一、二回の面接で信頼関係や協力関係が形成されたかどうかが、最終的な成果を占うとても重要な要因であることが多くのリサーチによって分かっているのです。

第一印象がなぜ大事かというと、それが第二印象、第三印象、第四印象と、引き続く印象形成のプロセスを方向づける重要な要因だからです。「いい印象」は「いい期待」をもたらします。相手にいい期待をかけることは、相手から、笑顔ややる気など、いい印象を喚起する要素を引き出すものです。その結果、さらにいい印象が形成され、いい期待が高

11
第一印象の重要性

められ、それがさらに相手からいい印象を引き出します。

逆に、第一印象が悪いと、相手に対する期待は下がります。そのことは声や態度によって相手に伝わります。相手はその場面で、緊張したり、大げさなアピールをしたり、防衛的な態度を取ったりするようになるでしょう。それがさらに悪い印象を生み出し、この人には期待できないという構えを強めます。

こうしたプロセスは、ごく自然に起こります。ですから、出会いのごく最初の数分間に互いが相手にどのような印象を持ち、どのような関係を形成するかは、その後、長期にわたって、その人たちが一緒になすことの生産性を左右する、とても重要な要因になるのです。

第一印象は、このプロセスの最初の材料であるという点において、特別な性質をもっています。先に、印象形成が良循環のプロセスを歩む場合と、悪循環のプロセスを歩む場合とを示しましたが、大きく言えば、印象形成の「車輪」がそのどちらに転がり始めるかを決めるのが第一印象なのです。

また、第二印象以下の引き続く印象形成のプロセスは、第一印象の影響を受けて展開してきたものですが、第一印象はそうではありません。第一印象は、そういう意味で新鮮なものです。未分化で全体的なものだとも言えます。その点でも、特別な性質を持っています。

そういう意味で、面接者は面接のごく初期に、相手によい印象を与えるよう心がける必要があるでしょう。また逆に、相手から受ける第一印象がよくない場合には、できるだけ面接の初期の段階で、相手から受ける印象を修正するようなコミュニケーションを模索する必要があります。印象の悪い相手に対して、印象の悪いまま面接を続けても、あまり生産的な結果は生み出されないでしょう。

ずいぶん昔のことですが、私は、ある福祉機関が、いろいろな問題を抱えた子どもたちを集めて合宿形式で行う治療的プログラムにスタッフの一人として参加したことがあります。子どもたちは、それぞれに、落ち着きがない、スタッフの指示になかなか従わない、もめ事を起こす、などなどの「問題行動」を示しました。これらは、私に悪い印象を与えました。もちろん、援助するスタッフの一員として、理解的であろうとはするのですが、それで悪い印象がなくなるわけではありません。

ところが、合宿の最後に、私の印象は大きく変わりました。合宿後に、親御さんや学校の先生などの関係者を集めて、合宿中に撮影した子どもたちの様子を収めたビデオが上映されたのです。子どもたちは、ビデオの上映中、自分が「問題行動」を示している場面になると、恥ずかしがり、「早送り！　早送り！」と叫んだのです。それを見て私は「この子たちはこの子たちなりに、これはよくないことだとちゃんと分かっているんだな、それでも自分の行動をよい方向に制御できなくて、自分でも自分をもてあまして困っているんだな」と心から理解できたのです。子どもたちに対する私の見方は、「落ち着きがない子ども」「指示に従わない子ども」「もめ事を起こす子ども」という見方から、「自分でも周囲を困惑させる自分の傾向をもてあまして困っている子ども」という見方へと変わりました。残念ながらその後、彼らに関わる時間はわずかしかありませんでした。けれども、そのことは、私の子どもたちへの関わり方に微妙な変化をもたらし、子どもたちの私への関わり方も微妙に変化しました。お互いの間に協力的な雰囲気が高まったのです。

11
第一印象の重要性

大学のカウンセリングルームで学生と面接していても、印象の悪い人はいます。たとえば、ある男子学生は、とてもぶっきらぼうで、ふてくされたような態度でした。視線もあまり合わないし、よそよそしい感じです。相談に来たにもかかわらず、別にどうでもいいといった態度なのです。私も、内心、ムッとして「何なんだ、こいつは！」という思いになりました。彼の話は断片的で、困っていることは分かるのですが、詳細のニュアンスはよく分かりません。少し話を聴いたところで私は次のように言いました。「あなたはとても困っているんだね。ところが、どういうわけか、あなたの話から、困っているんです、助けて欲しいんです、といった感じがすっと伝わってこないんです。僕は長いことこういう仕事をしているから、あなたが困っているんだって分かるし、何か手伝いができないかなと思う。でも、世の中の多くの人にとっては、あなたが困ってて助けを求めてるってことは、分かりにくいんじゃないかな。そのために、あなたは困っているのに、周りはなかなか助けてくれないっていうことが起きがちなんじゃないだろうか。」

私がこう言うと、学生は、「僕はこんな態度ですからね。誰も助けてくれませんよ。だから僕は何でも一人でやってきたんです」と言ったのです。そのとき彼の目は心なしか赤くなっていたように見えました。そのとき、私の彼に対する印象は大きく変わりました。「ぶっきらぼうで無愛想なやりにくい相手」から「素直に助けを求めることができないために孤立無援の中でやってきた心細い人」へと変化したのです。

第一印象は、こちらの関わり方次第で、変わりうるものです。相手の第一印象が悪い場合というのは、何とかしてその印象が変化するような関わりが求められている場合です。それがうまくできなければ、その面接は困難なものになるでしょう。

12 第一印象がすごくよいとき

前章では、第一印象が互いに良好であることが、その後の面接が生産的なものになるために重要だということを述べました。にもかかわらず、第一印象が極めてよいとき、かえって後に難しい展開になることがあります。とりわけ採用面接や試験の面接など、自分をよく印象づけることに重大な利益がかかっているような面接では、相手は無理をしていることが多いからです。

私は、しばしば過剰適応の悩みを抱えた人の相談を受けます。「優等生」とか「よい子」とか言われてきたような人たちです。こうした人たちは、相手によい印象を与える名人なのです。けれども、そのことは彼らの悩みの種でもあります。その好印象を維持することは、彼らの人生に大きな負荷をかけるからです。それでもなお、彼らは第一印象で相手に好印象を与えるという仕事で手を抜くことができません。等身大の自分をありのままに提示することには強い不安があるのです。彼らは、ありのままの自分は、つまらない、取るに足らない、何の価値もない人間だと信じているのです。そして、自分は何か価値あることを「達成」して初めて、生きることが許されると思っているのです。何も達成しないでも、自分の存在が、ただ存在するだけで価値があるとはとても思えないのです。

こうした人たちは、真面目で、勤勉で、努力家です。とてもいい人たちです。すごい業績を持っている人もいます。けれども、決して幸せではなく、生きることが楽でもありません。

こうした人たちの中には、相手にいい第一印象を与えることがうまくできすぎる結果、好印象を与えたその相手に会うことを避けてしまう人もいます。「二度目に会ったら、必ず落胆させることになる。それが恐い」と言うのです。そのため、非常に明るい好青年に見えるのに、実際には持続的な人間関係がほとんどないということも珍しくありません。好青年の仮面をかぶった引きこもりだとも言えそうです。

彼らは、カウンセリングに来ても、カウンセラーをもてなすのが上手です。カウンセリングの面接が終わった後、カウンセラーはいい気分になり、クライエントはどっと疲れていたりします。当然のことですが、カウンセラーがそれに気がつかなければ、クライエントはそのうち突如として面接に来なくなるでしょう。

第一印象が非常によい、好感度がすごく高い、とても感じがいい、といった場合、その人はいつも自分を後回しにして周囲の期待を満たそうと努力しすぎるタイプではないかと疑ってみてもいいでしょう。

そして、その人が、後になって、何かあなたをがっかりさせるようなことをしでかした場合、「ようやくありのままの自分を見せてくれたんだな」と理解して、受けとめてあげて欲しいのです。もちろん、その人が失敗したことについては現実的な対処が必要ですが、それとは別の次元で、そう理解してあげて欲しいのです。

13 人を見る目

世間では、あの人には「人を見る目がある」とか、「人を見る目がない」とか言いますが、このとき、「人を見る目」とはいったい何のことを言っているのでしょうか？

おそらく、人の言うことをいつもただ額面通りに受け取っているような人は、人を見る目がないと言われるでしょう。言っていることとしていることとの間に矛盾があるような人を前にして、ただ単に混乱したりイラついたりしてしまうような人もそうでしょう。人の悪い面だけしか見ないような人。人のいい面だけしか見ないような人。人の性格についてすぐに決めつける人。こういう人も人を見る目がないと言われてしまうでしょう。

逆に、人を見る目があると評されるような人はどういう人でしょうか。ある人の、後になって徐々に明らかになってくる問題点を、早い段階で予言していた人かもしれません。

相手の言葉や行動を、その微妙なニュアンスまで含めて読み取ることができる人かもしれません。一見すると矛盾するような発言や行動にも、筋の通った奥行きのある理解を示せる人なのかもしれません。

13
人を見る目

私に人を見る目があるのかどうかは、よく分かりません。というのも、長年、カウンセリングをしてきた結果、私は、人間というのは本当に分からないものだということをますます実感するようになってきたからです。どこまでいっても人間は分かり尽くせません。どんなに理解が深まっても、なお思いがけないことを言ったり、したりするものです。

逆に、相手のことが「もう全部分かった」と思ったとしたら、そのとき、そのカウンセラーは「終わっている」とさえ思うようになりました。それは、その人のみずみずしい理解力が枯渇したことのサインなのです。実際には、どんな人間も、そんなに単純ではないのです。人間は常に変化に開かれた存在、可能性の存在、意外性を秘めた存在なのです。

そういうこともあって、世間で言うような「人を見る目」は、私にはそんなにないような気がしています。そもそも、私は「人を見る目」というものをそれほど重要なものだとも思っていません。それよりも、相手がより率直になれるような人間関係、信頼関係を築く能力の方が大事だと思っています。というのも、そうした人間関係を築く能力が高ければ高いほど、相手は自らのありのままの姿を見せてくれるようになるからです。相手が自らのありのままの姿を見せてくれるのであれば、「人を見る目」はさほど必要ないのです。

もちろん、そうした関係を確立するためには観察力が必要です。その意味での人を見る目は重要でしょう。けれどもそれは世間一般で言う「人を見る目」とはちょっと違うような気がします。

14

表面的な話をする相手

面接で、相手が表面的な話を延々とする場合はどうしたらいいでしょうか。

カウンセリングでも、そういう場面はよくあります。カウンセリングでは、クライエントはわざわざ話をするために時間を作って、しかもお金を払って来ているのです。ですから、冷静に考えれば、決してわざと表面的な話をしようとしているわけではないのだと分かります。たいていの場合、本人自身は「表面的」な話をしているつもりはないのです。まずはそのことを理解することが大切でしょう。

けれども、聴き手の方からすると、相手の言葉が、あまり心に響かない、メッセージが腹に伝わってこない、エモーショナルな要素が乏しい、頭で考えたような軽いトーンの言葉として聞こえてくることはよくあります。

どういう場合に、相手の言葉が表面的に聞こえるのでしょうか。

一つは、相手が知的なモードで話しているときです。自分の体験や感情に触れることなく、頭で考えたことを話しているときです。

たとえば、自分自身の気持ちを話すのに、「たぶん、僕は淋しいんだと思います」とか、「きっと僕は傷ついているんだろうなと思います」などと言う人がいます。このように話す人は、自分の感情を直接に体験して話しているのではなく、外側から自分を観察して自分の感情を知的に推論して話しているのです。こうした話し方をする人の言葉は、たとえその内容が感情についての説明であったとしても、どこか知的な響きがするものです。

いつも周りの人たちの気持ちを考え、それに合わせることを最優先して生きている人もいます。そういう人は、慢性的に自分の気持ちを無視していることが普通です。そのような人の場合、面接場面でも、面接者が喜びそうなことや、面接者が求めていそうだとその人が推測することを話そうとします。そういう態度が強い習慣になっている人の場合、相手がどう思うかは別にして、素直な自分の感情や思いにアクセスし、感情や思いに触れながら、それをそのまま言葉にすることがとても困難です。

このような場合、面接者は、感情や思いに直接的に接触するよう促すことが必要になるでしょう。「たぶん、僕は淋しいんです」と言う人に、「その淋しさについてもっと聴かせ

14
表面的な話をする相手

てもらえますか？」と尋ねても、「ええ、そうですね。その淋しさは、一人ぼっちって感じですかね。淋しさって、人が周囲の人から切り離されたように感じたときに感じる感情でしょう」などと、延々と知的な説明を始めるかもしれません。つまり、淋しい気持ちが表情や声のトーンなどにはほとんど表れないまま、淋しい気持ちについての解説をし始めるかもしれません。

そういうときには、「その淋しさに、今、触れてみることはできますか？　それがどんな感じか、よく味わってみて、その感じを教えて欲しいんです」などという言葉で、相手がその感情に直接的に触れていくことを促します。そう促すと、突然それまでとは打って変わって、涙を流して話し始める人もいます。

場合によっては、相手はそのような促しに「はっきりしません」「分かりません」「できません」「したくありません」などと否定的に反応してくるかもしれません。それならそれで結構なのです。感情そのものがあやふやだったり、感情に触れたくなかったりする人に、深い話や生き生きした話はできなくて当たり前です。そういう答えを受け容れて、それに沿った面接をしていけばいいのです。いずれにせよ、このときの相手の反応そのものは、決して表面的なものではなく、その人のリアリティに近いものでしょう。そのことを認識しておくことが大切です。

軽いトーンで、どうでもいいと思えるような話を延々とする人もいます。そういう人は、不安なのかもしれませんし、面接の目的をよく理解していないのかもしれません。けれども、そういう話を遮ることなく注意深く聞いていると、それが実によくその人を表しているのが見えてくることがあります。

たとえば、外面的にはとてもしっかりした女子大生がいました。彼女は、人に頼ることは相手に迷惑をかけることだという考えから、常に極めて自立的に振る舞っていました。つまり、人に甘えることが恐かったのです。カウンセラーからすると、彼女の問題は「依存恐怖症」だと思われました。彼女は、面接を始めると、自分の悩みについてはほとんど語らず、毎回、ハイ・テンションな話しぶりで、たわいない世間話を延々とするのでした。その内容は芸能人の話だったり、最近のニュースについての話だったり、周りの学生の話だったり、という具合でした。こうした軽いトーンの世間話を抑えずに、彼女が話すままに調子を合わせて聞いていくと、あるとき、これらの話に共通するテーマがあることに気がつきました。たとえば芸能人の話では、「今は売れてるからいいけど、そんなのは長続きしない、将来どうするんだろう」と言い、最近のニュースについての話では、「詐欺で騙される人は油断しすぎで、人を信用しすぎている。だから騙されるんだ」と評しました。周りの学生についての話では、「お化粧やファッションにバイト代をつぎ込んで、将来に備えて貯金をしていない」と批判しました。

話題の内容は毎回さまざまでしたが、回を重ねれば重ねるほど、彼女の世間話には、「しっかり自分で考えて自立的に行動しないと大変なことになる」というテーマが共通していることが浮き彫りになってきました。つまり、彼女はたわいない世間話を通して、自分の不安な気持ちを語っていたのです。

面接者から見て「どうでもいい話」と思えるような場合でも、すぐにそう決めつけず、じっくり聞いてみると、そこから意味深い展望が拓けることがあります。

15
具体的に話してもらう

いろいろな意味で、面接で抽象的な話が長々と語られる状況は避けたいものです。話をなるべく具体的なレベルにする必要があります。というのも、抽象的な話は生き生きとした物語性を欠きますし、感情が表現されにくく、事実関係も不明確です。そのため真実味も伝わりません。

具体的な細部にこそ、その人の感情や、リアルな体験が宿っているのです。具体的な細部を語ることで、話は生き生きとし始めます。

ですから、しばしば面接者は「もう少し具体的に言ってもらえる?」と頼んだり、「具体的には?」と尋ねたりして、相手の話をできるだけ具体的にしていこうとするのです。しかし、抽象的な話をしている相手に「具体的に」と求めても、なかなかすんなりと出て

15
具体的に話してもらう

こないことがよくあります。相手はただ困ってしまって、「えぇ…、具体的にですかぁ…。うーん、具体的にって言われても…」と止まってしまいがちです。

このように「具体的に」と直接求めるよりも、相手が具体的にならざるをえないような質問をしていく方が、よりエレガントですし、効果的です。

「そのとき僕はパニックになったんです」と言う人がいます。この場面で、面接者がパニックの具体的な中身について知りたいと思ったとしましょう。そういうとき、面接者はしばしば「パニックになったってどういうこと？　もっと具体的に言うと？」と尋ねることで話をより具体化しようとします。しかしそれよりも「あなたはパニックになったんですね」と一旦受けとめてから、「あなたがパニックになるときは、どんなふうになるの？　身体にはどんな感じがある？　頭の中にはどんなイメージや考えが浮かぶ？　どんな感情を感じる？」と尋ねる方がよいでしょう。もっと別の訊き方としては「そのときあなたの周りにいた人に、私が『○○さんはどんな様子でしたか？　普段と違うどんなところに気づきましたか？』と尋ねたとしたら、その人は何と言うでしょうか？」と尋ねるのも効果的です。このように、他者から客観的に見た様子を答えてもらうと、話は具体的にならざるを得ません。

もし「幸せになりたい」と言う人がいたとしたら、「幸せになると、あなたは今と違うどんなことを言ったりしたりするんでしょうか?」「あなたが幸せになったとき、あなたのお母さん（相手にとって重要な人物）に『○○さんは、最近、どんなところが違っていますか?　何か気がつくことがありましたか』と尋ねたら、お母さんは何と言うでしょう?」などと尋ねてみます。そうすれば話はより具体化されるでしょう。「幸せになるとはどういう意味ですか?」とか、「幸せになるってどういうこと?　具体的に言ってくれる?」などと尋ねるよりも効果的だと思います。

具体的に話すことは、しばしば抽象的に話すよりも難しいのです。「来週は授業に出たいですねー」と笑顔で言っている人に、「そう。ではどの授業に出ますか?　何曜日の何時間目?」などと尋ねると、とたんに口ごもったりするものです。敵対的・対立的にならず、協力的な関係を維持できるよう気をつける必要はあるものの、具体的な話によってリアリティを引き出すことは、面接の生産性を上げる上で非常に重要なことです。

「彼が私に冷たいんです」と言っている女性がいます。「彼があなたに冷たいとき、どういうところからそれが分かりますか?」と尋ねます。そうすると「目を合わせない」「返事をしない」「言葉が少なくなる」などという答えが返ってくるでしょう。

いろいろと例を挙げましたが、とにかく、「具体的に」と直接求めることはあまり有効ではないことが多いのです。相手の話が具体的になるような質問を工夫することが大切です。

16 相手のプライドを守る

プライド、自尊心、メンツ、面目、体面。いろいろな言葉がありますが、どれも似たようなことを指しています。人間はプライドの傷つきに対してとても敏感な生き物です。このことはどれだけ強調してもしすぎることはありません。人間にとって、プライドを守ることは、時には命を守るよりも重要になるのです。ですから、面接者は相手のプライドにできるだけ配慮して面接を進める必要があります。相手に率直に話してもらおうと思うのなら、相手のプライドを守るようなやり方で質問をしなければなりません。

そのためには、まず、相手に責任がある領域のことを最初からあまり直接的に訊かないようにすることが有用です。たとえば、高校生が学校をサボったという話をし始めたとき、「サボったことは担任の先生には話したの?」と尋ねるなら、相手の高校生は、こちらが先生に話すべきだと考えていると受け取り、自分はするべきことをしていないので責められていると感じてしまう可能性が高いのです。このことは相手のプライドを傷つけます。面接者自身にそのような意図がまったくなくても、相手はそう感じがちです。

このように訊く代わりに「担任の先生はこのことを知っているのかな?」と訊く方が無難です。内容的にはまったく同じことですが、相手に与える印象はかなり違います。「(あなたは)先生に話したの?」という訊き方は相手の責任の範囲の事柄について問題にしていますが、「先生は知っているの?」という訊き方はあくまで先生のことを問題にしています。ですから、相手はより気楽に答えることができるのです。「先生は知りません」と答えても、自分のプライドには関係ないと感じられるからです。

同様に、母親が子どものことで相談にきた場面で、「あなたはこの問題について夫と話し合いましたか?」と尋ねると、相手は、面接者が当然話し合うべきだという考えを持っているのだと感じてしまいます。そして、もし話し合っていないのなら、やるべきことをやっていないと責められていると感じてしまうでしょう。こういうときには「あなたの夫はこの問題についてどう考えているのでしょうか? 彼は自分の考えをあなたに話しましたか?」と尋ねてみる方がいいでしょう。このように訊かれた方が、相手はより気楽に答えることができます。なぜなら、この質問はあくまで夫の責任の範囲のことを問題にして

16
相手のプライドを守る

おり、答えがどうであれ彼女のプライドは無傷だからです。にもかかわらず、この質問への答えによって、面接者は子どもの問題について彼女が夫と話し合っているのかを知ることができます。

ビジネスの場において、「あなたの意見を言ってください」という言い方よりも、「ぜひ意見を聞かせてください」という言い方が好まれるのも同じ原理です。前者は「あなたが言うこと」、つまり相手の主体性の範囲に属することを問題にしています。つまり、相手に指図しているのです。それに対して後者は「私が聞くこと」、つまりあくまで私の主体性の範囲のことを言っているだけです。相手に直接的には指示していません。言っている内容は同じですが、「あなたが言う」ことには触れずに、「私が聞く」ことを問題にすることで、結果的によりマイルドな求め方になっているのです。人は指示されることを嫌います。相手のメンツを立てるためには、直接指示するような言い方はしないことです。

これと同じ考え方を応用した、別の訊き方の工夫を紹介しましょう。たとえば、パチンコ依存症で生活が破綻しかけている人と面接しているとします。そして、話を聞いていると、どうもまたパチンコをやっているようだと面接者が感じたとしましょう。そのとき、「あなたはまたパチンコをしましたか？」と尋ねるのは、あまり得策ではありません。相手が実際にパチンコをしていたとしたら、正直に答えることが、相手のプライドを傷つけることになるからです。このような問いは、相手を防衛的にさせてしまい、率直な答えを引き出しにくいのです。それよりも「気がついたら強い衝動に呑み込まれてしまって、わけも分からないうちにまたパチンコをやってしまっていたということはあるかな?」という訊き方の方が、より有効でしょう。この訊き方は、相手の責任を若干曖昧にするような表現になっています。相手に「本当はやりたくなかったんです。なのに、気がついたときにはやってしまっていたんです」という言い訳の余地を与え、最低限、相手のプライドを担保したのです。つまり、正直に答えることの重荷を少し軽くしたのです。

多くのケースで、面接者は質問を中立的なものと考えています。「お前がやったのか?」という質問は、単にやったのかどうかを相手に確認しているだけだと考えているのです。しかし質問される方は、決してそんなふうには受け取りません。「自分がやったと思われた」「この人は自分を疑っている」「疑惑の目で見られた」と感じるのです。いくら面接者が、そうではない、単に質問や確認をしているだけだ、という考えに固執しても、それは面接者の側の論理です。相手には通用しません。面接者に必要なのは、相手がどう受け取るだろうかという観点から考えることです。そして率直に答えることに伴う相手の重荷を少しでも取り除き、相手のプライドを守ってあげることです。

17 技術としての沈黙

沈黙を気まずいもの、避けるべきものと感じる人が多いようです。面接者の中にも、沈黙を避けようとして、少しでも間が空くと、あせって何かを話し始める人がしばしばいます。相手への配慮なのか、もしくは自分の居心地の悪さを取り除こうとするためなのか、いずれにせよ、沈黙は恐ろしい魔物のように扱われがちです。

しかし面接を生産的に運ぶ上で、沈黙はとても重要なものです。沈黙をどのように意図的に使うか、いわば沈黙という魔物をどのように調教して乗りこなすかこそ、面接者の腕の見せ所なのです。

カウンセラーになるための訓練において、二人組になって、クライエント役がわざと黙り込み、カウンセラー側がその沈黙に耐えるという練習をすることがあるようです。私はそういう練習には賛成できません。人によってはこういう練習が意味をもつことがあるのは否定しませんが、基本的には、カウンセリングにおける沈黙は「耐える」ようなものではないと考えています。沈黙は積極的な技術なのです。カウンセラーは何らかの意図をもって、何らかの効果を狙って沈黙を作り出し、利用するのです。何のために沈黙を作り出すのかを何ら意識することなく、ただ耐えるだけであれば、その練習の効果は疑わしいと思います。

沈黙の効果の一つとして、沈黙は相手に考えさせるための時間になるということが挙げられます。質問を発した後、たとえ相手がすぐに答えなくても、どっしりと構えて沈黙を維持すれば、相手に対して「あなたが答えるまでゆっくり待ちますよ」「あなたが答えない限り、この面接は前へは進まないんですよ」「あなたには答える力があると私は信じています」というメッセージを与えることになります。

たとえば、「そのとき、あなたの心には何が浮かんでいたんでしょう？　どんな考えが浮かびましたか？　どんな気持ちを感じていたでしょうか？　身体にはどんな感覚がありましたか？」「……（沈黙）……」。このとき、次の発言を相手に任せきって、ただ待つのです。面接を前へ進める責任を相手に委ねきります。椅子に深く沈み込み、ゆったりと椅子の背もたれにもたれて、沈黙を維持します。それは相手に対する信頼を伝える行為でもあります。面接者は、相手には質問に答える力があると信じているのです。

17
技術としての沈黙

逆に、もし面接者が少しの沈黙に耐えかねて自分から話し始めてしまえば、相手から質問に答えるチャンスを奪ってしまったことになるかもしれません。その行為は、面接者が相手には答える力がないと見なしているというメッセージを伝えるものとなるでしょう。（もちろん、相手が面接者の質問によって予想外の苦痛を体験しているような場合には、面接者は沈黙を破ってこの苦痛を取り除く必要があります。）

また、沈黙は、注意を引きつけるために作り出されることもあります。大事なことを言うときには、その前に少し沈黙を挟んだ方が効果的です。沈黙は次の発言に対する期待感を高め、注意力を高めます。たとえば、「来週までにあなたにしてきて欲しいことがあります。……（沈黙）……それは○○～」。この沈黙は、次に来る言葉に対して相手の注意を引きつけるために意図して作り出されたものです。これにより、次に来る言葉は、きっと相手の記憶に残るものとなるでしょう。

もちろん、相手が作り出す沈黙もあります。沈黙も表現の一つです。沈黙にもさまざまな表情があります。さまざまな色合いがあり、密度があります。緊張した沈黙、穏やかな沈黙、重い沈黙、軽い沈黙、温かい沈黙、厳しい沈黙…。沈黙の表情を味わうようにすれば、面接のコミュニケーションの深みは増します。

「小さな声」も沈黙と似た働きを持っています。大事なことは、小さな声で言った方がいいことがあります。小さな声もまた、相手の注意を引きつける効果を持っています。

ナチスドイツを率いたヒトラーは、演説の名人として知られています。映像に残っているヒトラーの有名な演説の一つでは、彼は演台に上がってからも、ざわつく聴衆を前に、ずっと沈黙し続けるのです。そのうちに聴衆は水を打ったように静まります。それからおもむろに穏やかな小さな声で演説を始めるのです。そうして、徐々に音量とテンポを上げながら、次第に激しく訴えかけ、話を盛り上げていきます。彼の表現の巧みさの一面は、沈黙と小さな声の効果的な使用に見て取れます。

こうした面接の「技術」に関する考察は、演劇や音楽とも通ずるところがあります。音楽においての沈黙、つまり休符は演奏の一部です。決して演奏の間の「休み」ではありません。演奏を始める前に、十分な間を取って聴衆の注意を引きつけることも、すでに演奏の一部なのです。音が出ているときだけが演奏ではありません。演劇においても、間の取り方や声の大きさは、とても重要な要素です。同じ脚本でも、間の取り方や声の大きさの変化の付け方次第で、面白くもなれば、つまらなくもなります。落語でも、オチの前に絶妙な「間」がなければ、少しも面白くないでしょう。

沈黙を効果的に用いることで、面接はとても生き生きしたものに変わります。沈黙を「耐える」のではなく、使いこなせるようになりましょう。

18 「説得」しない

心の治療としてのカウンセリングは、対話を通して相手の考えや態度や行動を変化させようとするものです。カウンセラーは、相手と対話しながら、何とかして相手の考えや態度や行動を変化させるべく、影響を与えようと試みるのです。ですから、カウンセリングは、非常に広い意味で「説得活動」の一種だと言うこともできます。

ただし、カウンセリングは世間の人が思うような「説得活動」とは、重要な点で違っているということもまた事実です。それは、カウンセリングにおけるクライエントの変化は、いくらカウンセラーが刺激し、方向づけたものだとはいえ、やはりなおクライエント自身によって主体的・自発的に選ばれたものであり、部分的にはカウンセラーにとって予想外のものが含まれるということです。クライエントの変化は、カウンセラーにとって常に新鮮な驚きをもって迎え入れられるものなのです。

そうしたことを考慮に入れた上で、なおカウンセリングは非常に広い意味で「説得活動」の一種だと捉えることができるでしょう。カウンセリングは、言うなれば説得的にならないで説得する方法、クライエントの主体的・自発的な動きを引き出して制御しながら説得する方法だと言えるでしょう。ただ、そこまで意味を広げると、もはや「説得」という言葉の通常の意味を超えているかもしれません。

いずれにせよ、カウンセリングにおいて、カウンセラーがクライエントをあからさまに「説得」しようとすることはまずありません。つまり、カウンセラーがムキになって相手と議論することはないのです。「でもね」とか「けど」とか「言わせてもらえば」とかいう言葉は控えます。「いや、そうじゃなくてこうでしょう」「何で分からないの？」などと言うこともありません。声のトーンに相手を変えようとする力みが表れていないかを、注意深く意識して力みを取ることを心がけます。その代わりに、クライエントが自ら選んで変化すること、クライエントから自発的な変化が生じてくることを目指すのです。

世間でいう「説得」は、相手に対する命令の性質を含んでいます。相手に「こう考えなさい」「こういう態度を取りなさい」「こういうふうに振る舞いなさい」と求め、相手がその要求に沿った言動をしたときに、承認を与える。それが「説得」というものです。典型

18
「説得」しない

的には、「暴力はダメだよね。そう思うでしょう？」「この商品はお買い得です。あなたも欲しいですよね」といった言葉を投げかけ、相手に「そうですね」という答えをあからさまに求めるものです。

まずそれは声のトーンに表れます。「エアコンの設定温度は真夏でも二八度が適切だとされています」という言葉は、穏やかな声のトーンで言えば、ただの事実の陳述です。けれども、エアコンがガンガンに効いた状況で、相手に強い口調で言えば、それは「どうして二八度に上げないのか？　地球環境にもっと配慮すべきだ」といった説得的メッセージを帯びたものとなり、相手の行動や考え方に変化を迫る発言となります。

「あなたは悲しいんだよね」という言葉にしても、強い口調で言えば、「自分が悲しいという感情を持っていることを認めなさい」と相手に求める説得的メッセージを帯びます。「今の苦しみも、いつかは終わるよ」という言葉も、強く訴えかけるような口調で言えば「そう信じなさい」と求める説得的メッセージを帯びます。

こうした「説得的」なメッセージに反応して相手が「そうですね」と応じたとしても、そこから自発的な変化は生じにくいでしょう。それは、「説得的」圧力に応じた動きをどうしても含むものとなるからです。つまり、こうした「説得的」メッセージは、逆に相手の自発性を損ねてしまうのです。

同じ言葉でも、そうした「説得的」な口調を完全に取り去って言えば、まったく違った効果を持つものとなります。机の上にリンゴがあるのにふと気づいたとき、ただありのままに「ああ、机の上にリンゴがあるね」と叙述するように、相手の心に悲しみを感じ取ったとき、それをただありのままに叙述するようにして「あなたは悲しいんだね」と言うのです。「あの木の葉っぱが全部落ちたら冬がくるよ」と単に経験的に確証された事実をただ叙述するように、「今の苦しみも、いつかは終わるよ」と単に経験的に確証された事実を叙述します。そのとき相手が「そうだね」と応じれば、それはその相手の自発的な心の動きなのです。

重要なのは、こうした言葉をかけるときに、相手から「そうだね」とか「はい」とかいった答えを得たいと期待する気持ちを放棄することです。「違う」とか「そんなことない」とかいった答えを拒否したい気持ちを放棄することです。どんな答えが返ってきても、それを興味深く聞き、受け容れるような態度を養うことです。「説得的」にならないためには、相手に対して何かを求める気持ちの一切を手放すことが必要なのです。

相手にあからさまに変化を求めないけれども、相手から自発的に変化が生じるという、一見したところパラドックスとも見える過程を支えているのは、実はこうした話し方なのです。

19 好奇心を持つ

面接において、相手から生き生きした反応を引き出すために最も重要なものは、相手に対する好奇心だと言えるでしょう。目の前の人間に対する豊かな好奇心は、どんな小手先の技巧よりもパワフルです。ただし、この好奇心という言葉はさまざまな意味で用いられているので注意が必要です。時には面接を阻害するような種類の関わり方を指すために好奇心という言葉が用いられることもあります。ですから、どういう好奇心が面接をよい方向に促進するのか、好奇心の中身を詳しく検討しておく必要があるでしょう。

好奇心は、ときに「好奇の目で見る」「気持ちという意味で用いられることがあります。「好奇の目で見る」気持ちには、相手を自分とは違うおかしなものとして見る構えが含まれています。そのおかしなものを見てみたい、知りたい、調べてみたい、といった構えが含まれています。つまり、相手を気持ちの上で切り離し、遠ざけた上で、眺めているのです。このような構えは、相手との間に溝を作り出します。相手は「好奇の目」にさらされることを嫌い、防衛的になってしまうでしょう。

好奇心はまた、「詮索好き」という意味で用いられることもあります。これには、無遠慮に根掘り葉掘り尋ねる構えや、知りたいという自分の欲のために相手を利用する構えなどが含まれています。このような構えもまた、相手を防衛的にさせてしまい、とても面接を促進する役には立たないでしょう。

面接を促進するような良質の好奇心は、相手をさまざまなしがらみから解放し、自由にするものです。相手を切り離すのではなく、相手を共同作業に引き込んでいくものです。どうしてなんだろう、どういうことなんだろう、といった問いに、相手も一緒に取り組むよう誘い込んでいくものです。そこに責めるようなニュアンスや、価値判断を下すようなニュアンスや、裁くようなニュアンスはありません。何かの役に立つとか、得になるとかいった功利的なニュアンスもありません。ただ不思議だなあ、どういうわけなんだろう、と純粋な気持ちで問いかけていくだけです。そうしてその問いに取り組むことで、相手はそれまで以上に、柔軟で自由な視点から自分自身や、自分が深く関与している事柄について問い進めることができるようになるのです。

19
好奇心を持つ

そうしたやりとりをもたらすみずみずしい好奇心は、どこか人間に対する信頼感を暗黙の土台としているように思います。人間を信頼しているからこそ、問い進めることができるのです。相手が投げやりなことを言っても、破壊的なことを言っても、非生産的なことを言っても、それについて好奇心を持つことができるのは、信頼感があればこそです。

どうすればそのような好奇心を持つことができるのでしょうか？　これは難しい問題です。けれども、そもそも、好奇心は誰にでもあるものです。乳幼児を観察すれば、すべての子どもが強い好奇心に満ちていることが見て取れるでしょう。にもかかわらず、大人になるまでの過程で、その好奇心が押さえつけられていくのです。問題は好奇心を持てないことではなく、むしろ好奇心を押さえつけるものがたくさんあることなのではないかと思います。恐れ、恥、不信などは好奇心を抑えてしまいます。ですから、好奇心を押さえつける要因を取り除いていくことです。恐れに支配されてしまわず、勇気を持つこと。恥ずかしさに負けてしまわず、自分を信じること。不信に捕らえられてしまわず、相手を信じること。

ほんの少しの好奇心が動き出せば、相手からそれまでには得られなかったような面白い反応が返ってきます。そのことがさらに好奇心を掻き立てます。好奇心はそのようにして育てられていくものでもあります。

20 思い通りに人を動かす？

面接者はしばしば相手を思い通りに動かしたいという気持ちを抱きます。何かを認めさせたいとか、何かを言わせたいとか、特定の感情を引き出したいとか、何かの約束をさせたいとか。何か理由があって面接をするわけですから、面接者に相手に対する何らかの特定の期待が強くあることも多いでしょう。

書店に行けば、思い通りに人を操る方法というようなタイトルの本をよく見かけます。誰にでも、心のどこかには、相手を支配し、操作したいという欲求が潜んでいるものです。その極端な表れが力づくで相手に言うことを聞かせる暴力です。いくら文明が進歩しても、最も酷い暴力である戦争がこの地球上からなくならないことから、こうした欲望は人間にとってとても根深いものだということが分かります。

20
思い通りに人を動かす？

ところで、心理学において、人を思い通りに操る技術というと、まず第一に何を思い浮かべるでしょうか？　多くの人が催眠術を思い浮かべるのではないでしょうか。たいていの人は催眠術を、相手を自由自在に支配する心理技術だと考えています。推理もののテレビドラマでは、催眠術をかけて犯罪を犯させたり、自殺させたりするようなストーリーがよく出てきます。これは、一般の人が催眠術を自由に相手を操る方法だと考えていることの表れでしょう。しかし、実際のところ、催眠術は施術者とその相手との間の一種独特な協力関係に基礎を置いたものです。はっきりと意識されることはないし、言葉にされることもありませんが、催眠術をかけられている相手は、施術者に「協力している」のです。これは施術者に協力して、相手が催眠にかかったふりをしているのだという意味ではありません。

催眠は暗示の積み重ねによってなされるものですが、暗示とは、自分の意志によらず、ひとりでに、勝手に、施術者の言葉の通りに身体が動いたり、感覚が生じたりするという現象です。施術者が「手が挙がる」という暗示を与えて、相手の手が挙がったとしても、もし暗示が有効に働いているのなら、その相手は意図的に手を挙げているのではありません。自分でも不思議な感覚を伴いながら、手が勝手に挙がっていくという体験が生じているのです。それを見ていると、あたかも施術者が相手を操っているように見えます。

しかしこのときまでに、施術者は相手との間に暗黙の協力関係を作り上げているのです。正確に言えば、相手の意識的主体ではなく、主として相手の心の潜在的な部分、無意識の部分に呼びかけ、協力関係を作り上げているのです。そのとき、意識的主体には、傍観者として退いていてもらいます（その意味では意識的主体の協力も必要です）。このような意味で、催眠術は、相手を支配し、操作しているように見えて、実は相手に協力してもらっているのです。相手との信頼関係の上で、相手にとって受け容れ可能な指示が、意識的主体にとっては「ひとりでに」起きるような体験として実行されるよう、暗黙のうちにお願いし、聞き入れてもらっているのです。

暗示は、誰がやっても同じように働くものではありません。まず相手との関係が重要ですし、関係の要素を除いても、上手下手があります。つまりコツがあるのです。最も大事なコツは、必ず暗示の現象が起きる、つまり「手が挙がる」と暗示したら、相手の手が挙がると心から信じることです。心から信じている人は、ごく当たり前のようにサラリと暗示を与えます。「手が挙がる〜、手が挙がる〜」と険しい顔で必死になって言っている人は、心から信じていないのです。手が挙がるのが当たり前のことならば、そんなに力んで言う必要はないのです。

20
思い通りに人を動かす？

そして、もう一つ大事なコツがあります。それは相手を支配したり操作したりしたいという欲を棄てることです。相手の手が挙がらなかったとしてもまったく構わない、という大らかな心がとても重要です。それをやせ我慢として自分に言い聞かせるのではなく、心からそのように体現していることです。相手が暗示に反応せず、相手の手が挙がる兆しを見せなくても、まったく平常心を保ったままであること。その構えが暗示の効果を高めるのです。相手が暗示の言葉にうまく反応しないときに、動揺したり、力んだりすれば、暗示の作用はさらに揺らぎます。

相手とパワーゲームはしません。相手が面接において何を話し、何を感じ、何を考えるのかは、まったく相手の自由なのです。もちろん面接者には、相手にこういうことを言って欲しい、こういうことを感じて欲しい、こう考えて欲しいといった気持ちがあるでしょう。それを無理に抑え込んだり、そういう気持ちを持たないように頑張る必要はありません。ただ、あくまでそれは自分の勝手な思いなのだと自覚することです。相手と自分とが別の人間であることをしっかり認識し、自分が相手にそうして欲しいとどれほど強く願っているとしても、相手がそうしなければならないわけではないという認識を深めます。相手は自分手には自分とは異なる相手なりの立場があり、考えがあり、感情があります。相手は自分とは違う歴史をこれまで生きてきました。自分とは異なる生物学的素質を持っています。相手が自分の期待とは違うように振る舞うとしても、それはおかしなことでも、不合理なことでもありません。相手なりの理由があり、正当性があるのです。ただ面接者にはそれが理解できないだけです。それは面接者が愚かだからではなく、単に人間だからです。

そのような大らかな構えをしっかりと抱きながら、それでも相手が面接に協力してくれると心から信じるとき、相手が協力してくれる可能性は高まります。

21

あら探しをしない

テレビの政治討論では、いろいろな立場の人が出てきて話しますが、相手の言うことをまともに聞いていない人がかなり目に付きます。ただ図々しくて声が大きい人がその場を制してしまうような場面も見かけることがあります。その姿勢は無礼でさえあることもあり、私はあまり好きではありません。本人は相手を黙らせたり、やり込めたりして勝った気でいるのかもしれませんが、成熟した市民的感覚を持っていないことが伝わるだけです。

また、最近の初等・中等教育では正課活動の中でディベートをすることもあるようです。こうした取り組みは、しっかりした指導者の下で注意深くなされるのなら、筋道立てて考え、説得力をもって主張するスキルを高める訓練として教育的に意味が高いものとなるでしょう。しかし十分な指導がなければ、単に相手のあらを探し、言い負かす練習になってしまうかもしれません。相手の話を尊重的に聞く姿勢が欠如していればいるほど勝ちやすくなってしまうのなら、本当の民主主義精神を育てるものとはならないでしょう。

たとえ不完全な表現だとしても、相手の言っていることを尊重的に聞き、相手の意図を汲み取り、相手が言いたいであろうことを推し量りながら聞く姿勢が大事だと思うのです。たとえ対立する見解についての討議の場合であってもなお、そうした姿勢を持ちうることは、われわれの生存に関わる重要な問題です。そのような構えを持った話し合いこそが暴力や戦争を回避させ、民主的な解決をもたらしうるからです。

相手の話を尊重的に聞くことは、相手に同意することでも、相手の意見を肯定することでもありません。それらとはまったく違う次元の話です。お互い、相手が何を考え、感じているのかを真に理解しようとする努力がないのなら、いくら話し合いをしてみても、建設的な結果は出せないでしょう。相手の立場を細やかに理解できなければ、その相手に対して自分の意見をどのように述べたら伝わるのかも分からないでしょう。話し合いをただの「言い合い」にしてしまわないためには、お互いが相手の話にしっかりと耳を傾け、共感的に理解すること、そしてその上で自分の意見を伝えるようにすることが大切です。

私は、カウンセラーの卵のための実習の中で、「医師が自殺行為を手助けするのは道徳

21
あら探しをしない

に反し、犯罪行為として扱われるべきである」「親は正当な理由がある場合、子どもを叩いてもよい」「身体的な虐待を受けている女性を、たとえ本人が夫のところへ戻りたいと希望していても帰すべきではない」「自殺をほのめかす人の自由は制限されるべきである」など、論争を呼びそうなさまざまなトピックを挙げ、意見が対立している人同士で話し合いをしてもらうことがあります。片方が話しているときには、もう一方は尊重的に耳を傾けます。そして一段落ついたところで「つまりあなたが言いたいのは～ということですね」と要約するのです。その要約に相手が納得したら、話し手と聴き手とが役割を交替します。

この実習の後、感想を聞くと、「自分が同意できない話を聞くのは難しい」「どうしても反論したくなって聞くことが疎かになってしまう」「要約に心がこもらず口先だけの言葉になってしまう」「相手の話に素直に共感することに抵抗している自分に気がついた」といった意見が聞かれます。実際、難しいことなのです。だから多くの人はしないのです。たいていの人にとって、相手のあらを探さず、意図を汲むように話を聞くということは、意識的に学習し、時間をかけて訓練する必要があるスキルなのです。相手と対立関係にあるときや、相手を評価したり指導したりしなければならないときには、なおさらです。

22

一度の出会いで分かることと、分からないこと

面接による試験があります。入試の一部に面接を取り入れている大学はたくさんあります。仕事のための採用試験では、面接はまず必ずあるでしょう。短ければ十数分、長ければ数十分の面接が、人の人生を大きく左右することもしばしばあります。しかし、一度きりの面接でどこまでその人のことが分かるでしょうか？

実際のところ、面接して採用あるいは合格の判定をしてみたものの、あとからその判断が間違っていたと感じるようなことも、しばしばあるのではないでしょうか。そういうケースがしばしばあるということは、逆に、不採用あるいは不合格とした人の中に、採用しておけばよかったと悔やまれるような人が少なからずいたということでもあります。つまり、面接において面接者が見極めることを期待されている内容には、実際にはかなり見極め困

難なものも含まれているのです。

22
一度の出会いで分かることと、分からないこと

面接において面接者が見極めることを期待されている重要な事項の一つに、人柄とか性格とか言われるものがあります。しかしたった一回の面接で、相手の人柄や性格を見極めることができるでしょうか。

この問いに取り組んでいけば、すぐに、人柄とか性格とか呼ばれているものはそもそも何なのかという根本問題に行き当たります。そんなものが本当にあるのかという疑いすら出てくるでしょう。身長や体重や血液型といった物理的な属性は、確かに存在しています。しかし、誠実であるとか、真面目であるとか、慎重であるとか、社交的であるとかいうような性質は、本当に個人の属性としてその人の中に存在するのでしょうか。この疑問は、真剣に考えてみる価値がある疑問です。

ウォルター・ミッシェルという心理学者は、一九六八年に発表したパーソナリティに関する著書の中で「そんなものは存在しない」という説を提示しました。彼はさまざまな実験によって、人の行動は状況によって大きく変化することを示しました。そして、人が状況を超えて一貫した傾向を示すという考え、つまり人柄や性格というものがあるという考えに疑問を投げかけました。実際、彼は実験によって、道徳的とされる人はどういう状況

でも一貫して道徳的に振る舞うわけではなく、不道徳とされる人はどういう状況でも一貫して不道徳に振る舞うわけではないということを示しました。彼は、道徳性についてのさまざまな質問をしてその人の道徳性の高さを判定するとともに、その人たちに、教室、家庭、日曜学校、クラブの会合など、さまざまな生活場面で作業に取り組ませ、それぞれの場面で不正をするチャンスを与えた上で、不正をするかどうかを調べたのです。その結果、人は状況によってかなり異なった反応を示すということが分かりました。そしてその振る舞いのバリエーションは、道徳性についての質問によって判定された道徳性の高さとは、あまり関係がなかったのです。

彼の研究はかなりの論争を巻き起こしました。その結果、人柄や性格は存在しないとまでは言えないにせよ、通常、人が期待するほどには人柄や性格は「個人の属性」というわけではなく、状況によって左右されるものだということが認められるようになりました。つまり、人が誠実であるとか、真面目であるとか、慎重であるとかいった性質は、その人が具体的にどういう状況に置かれるかを抜きにしては云々できないものだということが理解されるようになったのです。このことは人柄や性格といったものが存在しないということを意味しているわけではありません。個人が一人一人違った性質を持っていることは確かです。けれども、そうした性質は状況を超えて幅広く一貫しているものではなく、具体

22
一度の出会いで分かることと、分からないこと

的な状況の違いに対して敏感に応答するものなのです。

つまり、家計に関して真面目できっちりしている人が、特定の会社の会計に関して真面目できっちりしているとは限らないし、特定の集団において社交性を示す人が、別の集団において社交性を示すとは限らないということです。個人の属性は、われわれが期待するほどの抽象度の高いレベルで一貫しているわけではなく、具体的な状況の個別性に応じてきめ細かく生き生きと反応するものだということです。

このことは、入学試験や入社試験で、相手の人柄や性質を見抜くことは、原理的にかなり無理があるということを意味しています。なぜなら、入学後、入社後にその人が置かれることになる特定の状況は、通常の場合、これまでその人が一度も置かれたことがない状況だからです。

以上のことは、面接試験には意味がないということを意味するわけではありません。少なくとも、面接試験という状況で、相手がどんな振る舞いを示しやすいのかを知ることはできるでしょう。また面接によって、書類には表れないようなきめ細かい情報をさらに得ることも可能でしょう。臨機応変な質疑によって、具体的な事実を詳しく確認することもできます。場合によっては、書類への記載内容や発言の中に、誇張や虚偽があることを明らかにすることも可能だと思います。しかし、人柄や性格と呼ばれているものについては、

一般に期待されているほどには分からないものだと思います。

もし人柄や性格を面接で判断できるのだとすれば、面接のプロであるカウンセラーや精神科医は、一般の人よりも離婚率が低くても不思議ではありません。しかし実際のところを見てみると、そんなことはなさそうです。

23 服装・髪型・装身具

面接は、相手から話を引き出し、話を聴く作業です。面接において、面接者が自分のことを話すこともあるでしょうが、それは主な作業ではありません。面接の目的によっては、面接者の個性や背景をできるだけ知らせないままに進めることが有益であり、合理的であることも多いでしょう。しかし仮に面接者が自分のことを何も話さないでいるとしても、ただ面接を行うためにそこに居るだけで、いくらかは自分のことが伝わってしまうものです。その最も重要なルートが服装や髪型や装身具などの外見です。

服装はその人の個性を表現しています。スーツにネクタイなのか、Tシャツにジーンズなのか。おしゃれで洗練されているか、無頓着でちぐはぐか。高級ブランドの高価な服か、大衆的なチープな服か。清潔で行き届いているか、だらしなく適当か。似合う服を自然と着こなしているか、似合わない服を無理して着ているか。落ち着いた地味な色合いが基調となっているか、派手でヴィヴィッドな色合いが基調になっているか。実用的で機能的か、装飾的で華やかか。服装や髪型や装身具のこうした特徴を通して、面接者のありようの一面が相手に伝わります。

それは「表面的」なことのようにも見えます。服装は必ずしもその人の中身を反映するものではありません。スーツにネクタイのきちんとした格好をしていても、口を開けば、その中身はフレンドリーでカジュアルかもしれません。Tシャツにジーンズでも、中身は極めて官僚的で強硬かもしれません。そうした意味では服装は極めて表面的で、面接にとって些末なことのようにも思えます。

しかし一方では、服装は面接に重大な影響を及ぼすことがあるのも事実です。面接の相手によっては、面接者の服装にとても敏感な人もいます。服装は、面接者が言葉を発する以前に、相手から見た面接者の第一印象を左右します。また服装は、その面接の性質を規定する要素の一部でもあります。面接者がスーツにネクタイ姿であることは、その面接の公的で制度的な要素を強めますし、面接者が職業的な姿勢で臨んでいることを伝えるでしょう。逆に、面接者がカジュアルスタイルであることは、その面接の公的で制度的な程度を和らげます。現実にどうであるかはともかく、面接者は職階上の権威者ではなく、現

23
服装・髪型・装身具

場の実務家であるという印象が強まります。

こうしたことを考慮すると、いかに表面的なことであるとはいえ、服装をはじめとする面接者の外見は面接において考慮すべき重要な要因であることは明らかです。ただ、だからと言って、職業的に面接を行う面接者が常にスーツスタイルであるべきだとか、グレーや黒や濃紺を基調とするべきだとか、服装に遊びやおしゃれは控えるべきだとか言うつもりはありません。

私がここで言いたいのは、面接者は外見の「効果」を考慮に入れるべきだということです。大きく言えば、面接者はたとえ自分のことを一言も話さなくても、ただ面接室に居るだけで自分を表現しているのであり、表現者であることを避けることはできないということを理解しておくべきだということでもあります。服装や髪型や装身具を通して、人は自分の価値観や生き方を表現しているのです。どんなに個性を抑えて無難な服装をしたとしても、そのことによって、面接者のありようが伝わる程度が減るわけではありません。あくまで、「面接場面ではなるべく個性を表現したくない人なんだ」ということが伝わるだけです。

24 面接空間のデザインについて

二〇世紀の深層心理学をリードした巨人たち、フロイトやユングの面接室は、高級感あふれるものでした。壁には絵画が掛けられ、部屋のあちこちにさまざまな骨董品や芸術的な置物が置かれていました。椅子もテーブルも職人が精魂込めて制作したものと思われる立派なものでした。皆さんが面接する部屋には、絵が掛けられているでしょうか。椅子やテーブルの意匠は凝ったものでしょうか。部屋に面白みのある置物はあるでしょうか。

現在の職業的な面接は、取り立てて何の面白みもない空間で、パイプ椅子のような実務的な椅子を使って行われているケースが多いかもしれません。しかし、こうした家具や調度品による空間作りのあり方は、面接に大きな影響を与えるものですから、何か工夫ができないか、検討してみたいものです。

24
面接空間のデザインについて

面接室に絵や置物などがあると、面接を受ける人の想像力が活性化されます。これによって、話の情緒的なトーンが強まるでしょう。逆に、殺風景な部屋は、よけいな心情の高まりを抑え、事務的に淡々と話を進めるのを助けるでしょう。とりわけ、気が散りやすい人や、視覚的な刺激に敏感な人にとっては、よけいな刺激がない部屋の方が、落ち着いて面接に取り組めるでしょう。

好みにもよりますが、観葉植物の鉢や花瓶に生けられた花などがあれば、心が和む人は多いと思います。カレンダーや時計といった実用的なアイテムにも、選んだ人の個性が反映されます。面接を受ける人は、そのチョイスに感じるところがあるかもしれません。

椅子の座面の高さやクッションの深さは、相手の覚醒水準に影響を与える特に重要な要素です。精神分析という心理治療では寝椅子を用いて面接しますが、それは相手のリラックスを誘い、心の意識的な制御を緩めるためです。同様に、座面が低く、深く沈み込むようなソファは、相手の覚醒水準を低下させ、より緩い話を引き出しやすいでしょう。感情の制御に困難を抱えている相手と会うときには、座面が低い椅子はあまり向いていません。逆に、座面が高く、硬い椅子は、覚醒水準を下げないので、てきぱきとしっかり話してもらうのに向いています。

照明も重要です。照明は意識の覚醒度に影響します。明るい照明は覚醒水準を上げ、暗い照明は覚醒水準を下げるよう作用します。緊張を緩めてリラックスして欲しいのなら暗めの照明に、テキパキとした受け答えで面接を進めたいのなら明るめの照明に、調節しましょう。

空間作りの話のついでに、部屋の構造そのものについても触れておきたいと思います。たとえば、面接室の遮音性能についてです。プライバシーを守るという観点から、面接には高度に防音された部屋が必要だと考える面接者もいます。これは確かに必要な配慮でしょうが、高度に防音された密室は、中で何が起きても外からは分かりません。これは別の意味で危険です。襲われて助けを求めても、誰にも聞こえないのですから。そのことは、面接者と面接相手のいずれか、または双方に、不安を感じさせることがあります。それゆえ、たいていの面接では、そこまでの遮音性は必要がありません。

面接室内の音の響きも重要なポイントです。壁や床や天井が吸音せず、反響が大きい部屋は、言葉が聞き取りにくくなりますし、落ち着かないです。絨毯を敷いたり、壁や天井の材質を工夫して、響きがソフトになるよう調整することが必要です。

面接の目的や、相手の性格に合わせて、椅子、机、絵や調度品、照明などを替えられたらいいのですが、実際問題としてはそうもいかないでしょう。部屋の大きさや予算などの

24

面接空間のデザインについて

現実的な制約の中では、それほど選択の余地はないことが多いと思います。しかしそれでもなお、面接者は、家具や調度品が持つ心理的な影響力を十分に理解して、そこに工夫を凝らすことが大切です。

25 相手の話が聞き取れないとき、理解できないとき

相手の声が小さかったり、滑舌が悪かったり、口ごもっていたり、あまりにも早口だったりして、聞き取れないことがあります。たいていの場合は「すみません、よく聞き取れなかったんですが」とでも言えば、もう一度言ってくれるでしょう。けれども、中には終始、聞き取りにくい人もいます。

話が飛躍していたり、脈絡が掴みにくかったり、時間的な前後関係が混乱していたり、前提となる知識が共有されていなかったりして、相手の言っていることの内容がよく理解できないこともあります。たいていの場合は「よく分からないんだけど?」とでも言えば、分かりやすいように説明を補足してくれるでしょう。けれども、中には終始、話が分かりにくい人もいます。

25
相手の話が聞き取れないとき、理解できないとき

こうした話し手を前にして、どのように対応したらよいのでしょう。もちろん、こうした問いに唯一の正解などなく、ケース・バイ・ケースで、臨機応変に対応するしかありません。とはいえ、参考のために一つの考え方を紹介してみたいと思います。常に当てはまるわけではありませんが、対応の選択肢を広げるのに役立つでしょう。

多くの人が考えることでしょうが、こうした場合に、「何て言ったの？」「聞き取れない」「もっと大きな声で！」あるいは「何言ってるか、ぜんぜん分からないんだけど？」「もっと分かるように話してくれる？」「論理的に話してもらえませんか」などと、その都度突っ込みを入れていたら、相手は話す気をそがれることでしょう。それは面接にとってよくないことです。

しかし一方で、聞き取れないまま、分からないまま、聞いていてもよいものだろうかという疑問も湧いてきます。相手は何かの内容を伝えているつもりなのに、実はそれほど伝わっていないのです。その状況は面接にとってよくないだろうとも思えます。

つまり、面接者は相手の話すモチベーションを維持し高めていこうという要請と、相手の伝えようとしている内容をきちんと受け取ろうという要請との間で、板挟みになるのです。この二つの矛盾する要請の間でどうバランスを取るのかが問題です。

私は、こうした場面でしばしば聞き取れないまま、分からないまま、調子を合わせてあ

いづちを打ち、話を聞くことを選択します。そして一段落したところで、自分に理解できたことだけを要約して返すのです。うまくいけば、次第に聞き取れること、理解できることが増えていきます。ひとまずはそうなっていくことを期待して、そのように対応します。そうした対応ではなかなか展望が開けないときに初めて、「話を聞いていて、残念ながら、ときどき聞き取れないことがあるんです。もう少し声の音量を上げてゆっくりと話していただけますか」とか、「話の流れが分からなくなってきたので少し整理させてもらえますか？」などと働きかけてみます。

聞き取れないまま、分からないまま、調子を合わせるなんて、そんな適当なことでいいのかと疑問に思われる方もあるかもしれません。しかし、私は対話のかなりの部分は非言語的なやりとりにあると考えています。非言語的なやりとりは、対話の基礎なのです。まずはここをしっかりと強めていくことが大切なのです。

はっきりとした口調で、適切な声の大きさで、秩序立てて分かりやすく、あるいは情緒的なニュアンス豊かに話してもらう。面接者はこうした話し方を相手に求めることでしょう。しかしそれは必ずしも求めてすぐに得られるようなことではありません。相手がまだ面接室に入るだけで不安で落ち着かず、集中することもできていないなら、まずは落ち着いて面接室にいることができるように、という目標だけを目指すべきです。それ以上を性急に求めないことです。

相手がまだとにかく声を出すだけで必死で、何とか勇気をふりしぼって声を出しているのであれば、落ち着いてごく当たり前に声を出せる状態になるまでは、声が大きすぎようが小さすぎようが、とにかく声を出していることを承認し、それ以上を急いで求めないことが大切です。

同様に、相手がまだとにかく話をすることだけに必死で、頑張って何とか話をしている状態であれば、安心して話すことができるようになるまでは、話の脈絡が分かりにくかろうが論理的におかしかろうが、とにかく話をしていることを承認し、それ以上を求めないことが大切です。

部屋に入る、椅子に座る、声を出す、話をする、などのことがまったく普通に落ち着いてできているという状態が保証されて初めて、適切な大きさの声で話す、秩序立てて分かりやすく話す、情緒に触れながらニュアンス豊かに話す、などのことを目標にできるのです。まったく内容が聞き取れなくても、話が分からなくても、「よく来てくれたね」「よく話してくれたね」と承認することが必要な段階というものがあります。基礎ができていないのに応用問題を解くよう求めても、相手はやる気を失うだけなのです。

26 役割分担する

もし面接者が複数いるのであれば、あらかじめ話し合った上で、役割分担をして進めることができます。何人かの面接者に役割を分けることで、一人ではなかなか難しい効果をもたらすことができます。

その典型が、よくある刑事ドラマの取り調べです。若くて血気盛んで強面の刑事がまず前に出て、乱暴に机を叩いて「お前がやったんだろう！」などと凄みます。そうして容疑者に自白を迫るのです。その圧迫的な関わりによる緊張がピークに達したとき、穏やかな年長の刑事が「まあまあ」といさめながら割って入ります。そして「私はあなたが言ってることを信じてるよ。少なくともあなたは根っからの悪人じゃない。それは私にはよく分かる。だからあなたの役に立ちたいんだ。私たちは本当のことが知りたいだけなんだよ。

26
役割分担する

あなたを責めるつもりはないんだ。人間だから、誰だって人生いろいろあるもんだ。いろんな気持ちがある。不安もあるし欲もある。それが普通だよ。うっかり忘れてしまっていることもあるだろうし、悪気はなくても気がついたら泥沼に入り込んでいたってこともあるだろう。だから、何か知っていることで、あなたがまだ話していないことがあるんなら、どんな小さなことでもいいから話して欲しいんだ」などと言うのです。

面接相手が嘘をついていることが疑われる場面では、一人は相手を疑う役割、一人は相手を信じる役割を取ることで、相手の言葉に挑戦し、疑義を唱えながらも、相手との信頼関係や協力関係を全体としては維持することができます。もし相手が掲げている目標が非現実的に高すぎると思える場面であれば、一人はその目標は高すぎるといさめ、もう一人は高い目標に向かって挑戦するチャレンジ精神を褒めることで、目標を再考するよう求めながら、相手がプライドを守るのをサポートできます。

面接相手がかなり葛藤しながら話していて、面接者としても、どうすべきか必ずしも確かな助言ができないと感じることもあるでしょう。たとえば、相手が、就職した方がいいか、進学した方がいいか、迷っているような場合で、どちらもありうると思えるような場合です。そういうときには、二人の面接者のうち、一方は就職に賛成する立場に、もう一方は進学に賛成する立場に立って、二人で延々と議論してみせてもいいかもしれません。面接相手が心の中でしているであろう議論を、目の前で実際に演じてみせるのです。そのことによって、相手は、そうした議論を外部から眺め、より上位の立場から考えることができるようになるかもしれません。

いずれにせよ、こういう方法を取る場合には、複数の面接者の間に信頼関係、協力関係があることが重要です。本物の仲間割れになり、本気で相手を攻撃するようになってしまうなら、面接としては失敗です。あくまで面接を生産的に進めるための一つの方法として役割分担をしているという前提が、しっかりと確立されていることが必要です。日頃から密な信頼関係ができているチームの中には、あらかじめ打ち合わせをしていなくても、自然に面接の流れの中でこうした役割分担ができていくこともあるでしょう。

みんなが同じ視点から同じことを言って、面接がうまくいくのであれば、それでいいのです。けれども、なかなかうまくいかない場合もあるでしょう。そういうときには、それぞれの面接者の個性を活かした役割分担を試みるのも一計です。

27 初対面の緊張

初対面の相手と会うのは、誰でも緊張するものです。人生を左右するような採用面接や入試の面接などであれば、面接の相手はガチガチに緊張していることでしょう。感情は自動的に伝播するものですから、知らず知らずのうちに面接者側も緊張していることが多いものです。逆に重要な商談や、手強いクレーマーとの面談では、こちらが不安になり、緊張してしまうこともあると思います。

不安や緊張を代表とする不快な感情との最も有意義で実用的なつきあい方は、その感情を否定することをやめ、認めることにあります。こういう場面で、人はよく「不安になっちゃダメだ」とか、「あっ、私、緊張してる。いけない、リラックスしなきゃ」などと考えがちです。不安や緊張をすぐさま追い払おうとするこうした考えは、逆に不安や緊張を高めてしまう危険性が高いのです。「不安になったら大変だ！」と不安になること自体に不安を感じていけば、その当然の論理的帰結として、ごく小さな不安もすぐに極限にまでエスカレートしてしまいます。

どのような理由であれ、面接者が面接中に不安になっているとき、緊張しているとき、それに気づいたなら、その気づきは不安を乗り越える重要な一歩です。まずは気づけた自分を祝福しましょう。そして「ああ、ここに不安があるな」「緊張が来ているな」などと穏やかに認めます。

不安や緊張は、その場面にしっかり向き合うよう求めるメッセージです。たとえこれまでの準備が不足だったとしても、そんなことはどうでもいいのです。感情のメッセージは常に今に向けられています。そのメッセージは、今、しっかり向き合い、逃げ出さずに取り組むよう求めているのです。

その不安や緊張は、面接相手の不安や緊張に影響されたものかもしれません。もし面接相手が不安になっていたり緊張していたりするのであれば、それは面接相手がその場面を大事なものだと考えていることを示すサインです。この人は、この面接をとても大事に思ってくれているんだなと認めれば、相手への感謝が心に湧いてくるのを感じるかもしれません。

27
初対面の緊張

不安になること、緊張することは問題ではありません。不安や緊張をごまかし、目を背け、不安や緊張から逃げ出すことが問題です。不安や緊張を感じたときに、即座にそれをダメだと考え、リラックスしようと頑張るのは、不安や緊張からの逃避であると言えるでしょう。不安や緊張を認め、不安になって当然、緊張して当たり前と受け容れた上で、目の前の面接相手に向き合うことが大切です。そのように受け容れられ、メッセージを聞き届けられた感情は、それ以上に悪さをすることはありません。少し不快なだけです。

逆説的なことに、不安や緊張は、追い払おうとすればするほど、高まったり居座ったりします。けれども、受け容れられ、聞き届けられると、和らぐものです。穏やかに呼吸し、肩の力を抜きましょう。そして目の前の面接相手に集中し、面接の目標に自分を捧げます。「自分が」という意識を離れ、自分はあくまで「目標」に奉仕する道具だと考えます。

面接は、互いに適度にリラックスした状態で、最も実りをあげるものだとよく言われます。確かにその通りです。けれども、重大な面接であればあるほど、面接者も面接相手も、常にリラックスできるわけではありません。ですから、自分自身にも、面接相手にも、あまり性急にリラックスを求めないようにすることも大切です。その上で、面接相手にリラックスしてもらうためにも、まず面接者がリラックスすることを心がけましょう。

28 質問の裏技

たいていの人は、質問は相手から情報を引き出すための手段だと単純に考えています。実際には、質問をする人は、質問によってかなりの情報を相手に伝えているのです。「僕はこう思う」「私は～だと考えてます」とはまったく言っていなくても、単に質問していくだけで、相手には質問者の考えがかなり伝わります。これは逆に言うと、相手に何か伝えたいことがあるときに、それをそのまま直接的に言葉にする代わりに、質問によって伝えることもできるということです。

たとえば、「それを奥さんに言うとしたら、どんな感じがするのかな？」「そのことを奥さんに言っちゃうっていうのは、どうなんだろうね？」「そのことを奥さんに言うとすれば、いつごろがいいだろうね？」といった質問は、「私はあなたがそのことを奥さんに言った方がいいと考えています」と言うのと本質的に同じメッセージを相手に伝えます。

しかも、こうした言い方は「奥さんに言った方がいいと思うよ」とか「奥さんに言ってみなよ」といった直接的な言い方よりもずっと押しつけがましくなく、本人に自分で考えて選ぶ余地を与えています。もし相手にあからさまにアドバイスを与えることは避けたいけれども、さりげなく自分の考えを伝えたいと思うのなら、こうした質問の形で伝えるのがよいかもしれません。

28
質問の裏技

相手を褒めるときにも、質問は効果的です。

「それは誰が考えたの？」「あなたが考えたの？　本当に？」「へえ、いったいどうやってそんなこと思いついたの？」といった質問は、「すごいね。普通なかなかそんなこと思いつかないよ」という賞賛のメッセージを伝えます。

質問はまた、相手に特定のイメージを思い浮かべさせるものでもあります。「温泉に入って、温かいお湯に肩までつかってボーッとしているとき、どんなことが思い浮かぶかな？」という質問は、相手に温泉につかってボーッとしているところをイメージさせます。つまり、この質問は「さあ、心の中で、温泉に肩までつかっているとイメージしてみましょう。あなたは今、温泉であったかいお湯に肩までつかっています」というイメージ誘導と潜在的に同じ心理的作業を導くものです。

こうした質問の技術は、相手から答えを得ることを第一義的な目的としたものではなく、問いかけることによって何らかのメッセージを伝えたり、イメージを喚起したりすることを目的としています。もちろん、こうした質問に対する相手の答えから、何か重要な情報が得られることもあるでしょう。しかしそれはあくまで副産物のようなものです。

もう少し踏み込んで言えば、「それを奥さんに言うとしたら、どんな感じがするのかな」と尋ねることで、相手に「それを奥さんに言っている場面」を想像してもらいたいのだとすれば、その目的に合わせて言い方にも工夫の余地が出てきます。「それを奥さんに言うとしたら…」。ここで間を取るのです。間を取ることによって、相手はその場面をイメージしたまま、しばし留まることになります。じっくりイメージしてもらいたいのであれば、こうした間が必要です。「それを奥さんに言うとしたら…もし言うとしたらだよ、うん、それを奥さんに言うとしたら……、いったいどんな感じがするんだろうね?」こんなふうに、間を取り、繰り返すことで、いっそう効果が高まります。

ただし、相手がその場面をイメージすることに強い不安感や不快感があるときには、あまり間は取らない方がよいでしょう。相手にはまだその場面にじっくり留まることができないからです。やり過ぎは逆効果になります。

28
質問の裏技

とはいえ、相手の感じ方があらかじめそこまで分かっていることなど滅多にないでしょうから、実際には相手の反応をリアルタイムで注意深くモニターしながらやりとりを調節して進めていくことになるでしょう。

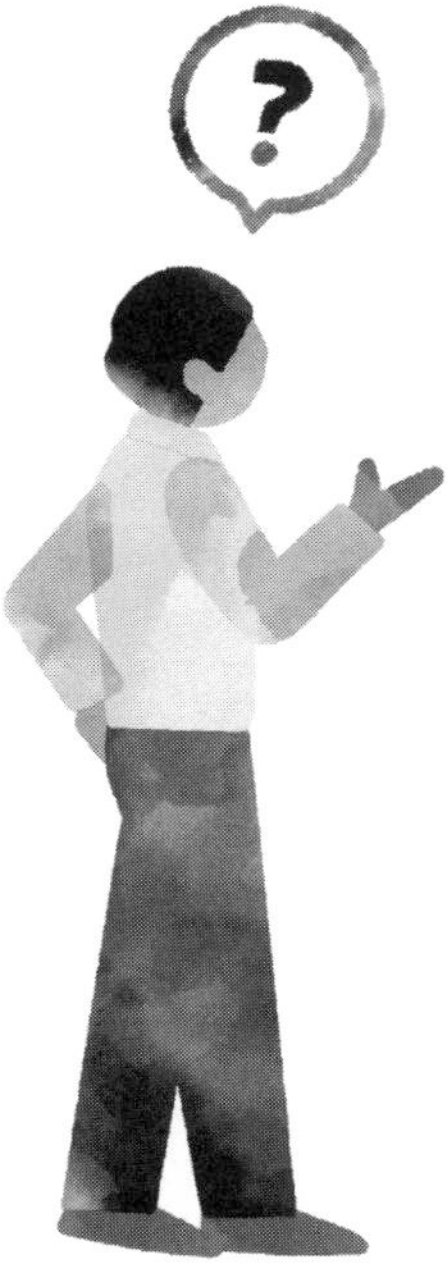

29

もったいぶる

相手の注意を引きつけたいとき、相手に集中させたいとき、相手に積極的に関わってきて欲しいとき、面接者はどんな工夫をすればよいでしょうか。この問いに取り組むに当たっては、コミュニケーションの展開の二つのパターンについて考えてみることが有用です。

コミュニケーションは、互いに影響し合いながら展開するものです。この互いの影響過程がコミュニケーションをエスカレートさせていくことがあります。そのパターンには、競合的なものと相補的なものの二種類があります。

競合的なものとは、軍拡競争に典型的に見られるもので、互いに互いの行為が刺激となって両者ともに同じ行為をどんどん増幅させていくパターンです。夫が大きな声を出す、妻はそれに対抗して大きな声を出す、夫はそれに対抗してもっと大きな声を出す、妻はさら

29
もったいぶる

にもっと大きな声を出す、といったパターンです。
もう一つは、相補的なパターンです。たとえば、夫が少し支配的に振る舞う、妻はそれに応じて少し従属的に振る舞う、夫はそれに応じてもう少し支配的に振る舞う、妻はさらに従属的に振る舞う、といったものです。両者が示す行動は違っていますが、やはり互いに互いの行為が刺激となって、エスカレートしていくのです。

面接において、何か大事なことを伝えたいときや、大事なことを問いかけたいときに、人はしばしば力みます。それは大きな声として現れたり、早口になって現れたり、繰り返しになって現れたりしがちです。このことは、相補的なパターンを誘発し、相手の反応性を逆に低めてしまうことが多いと思います。

面接者が大きな声を出すほど、勢い込んで早口で話すほど、繰り返し強調するほど、相手の注意力は低下してしまうのです。むしろ、大事なことであるほど、小さな声で、もったいぶって、一回だけ言う方が、相手の注意を引きつけ、自然に印象に残ることが多いように思います。実際、何気なく言われた一言がとても印象に残るということはよくあります。逆に、大きな声で何度も何度も言われたことは、憶えていたとしてもあまり注意を引かないものとなっていることが多いでしょう。

大事な内容は、勢いに乗って話の流れに任せて言ってはダメです。大事なことを言う前には、十分な間が必要です。「実はこう思ったんだけどね…」。そこで十分な間を取ります。この間が相手の注意力を高めるのです。

そして、大きな声ではなく、むしろ抑えたトーンであっさりと言います。早口にならないで、落ち着いた口調で。

タイミングも大事です。思いついたことを、いくらいいアイデアだと思っても、その瞬間にすぐ言うのは、あまり効果的ではないことが多いものです。むしろ相手の話を十分に聞き、面接の最後の方で言う方が相手に入りやすいのではないかと思います。相手の話を聞く中で、こちらに考えがあることをそれとなくほのめかしながら、相手がそれを聞きたくなる気持ちを育てます。相手の方から意見を聞きたいと言い出すまで待つのが理想です。相手が聞きたいと言ってきても、すぐには言いません。「えっ、聞きたいの?」「ふーん。…でも、どうして聞きたいの?」などともったいぶって、さらに引き延ばします。こうして相手の中にどうしても聞きたいという気持ちを高めていくのです。

面接者が何としても伝えたいと思うメッセージこそ、相手の注意を引きつけ、高めた上で、伝えられるべきなのです。今まで述べてきたのはそのための工夫です。

空腹は最高の調味料だと言います。お腹いっぱいの人には、どれだけ苦労して美味しい

29
もったいぶる

料理を差し出しても、あまり喜ばれません。おいしく食べてもらうためには、相手を空腹にさせるのが一番です。面接も同じです。いくらこちらが大事だと思っていても、相手に聞きたいという気持ちがないのなら、どれだけ大きな声で繰り返し言ったとしても、効果は薄いでしょう。たとえその瞬間には伝わったとしても、そのメッセージの長期的な効果は薄いでしょう。

相手に聞きたくさせるような下準備が大事です。いくら正しく適切で有用な内容であっても、それを伝えるまでの下準備が雑であれば、相手に届きません。場合によっては、面接時間の大部分が、重要なメッセージを伝えるその瞬間のための下準備に費やされることもあるでしょう。大事なメッセージを伝えるのにふさわしい状態が育ってくるのを待って、何週間も、何ヶ月も下準備に費やすこともあるかもしれません。

30 直観に開かれる

現代は合理主義の時代です。たとえば、経済的合理主義。何を決めるにも、そうすることとの経済的効果と、そうしないことの経済的効果とが、数字で比較されます。あらゆるもの、あらゆる行為に値段がついていて、数字で比較できるのですから、分かりやすいことこの上ありません。

また現代は物質主義の時代でもあります。計測できて、数値化されうるものだけに信を置く時代です。科学技術の進歩に伴い、肉眼では見えない物理現象も、かなりの程度、可視化され、計測され、数字に置き換えられるようになりました。その結果、そうした「科学的」データによって裏付けられない限り、いかなる言説も怪しい言説と見なされるようになっています。

30
直観に開かれる

こうした合理主義の時代においては、直観、勘、経験的な感覚といったものの価値は、不当なまでに貶められます。「何となく」とか「不吉な予感がして」とか「女の勘で」とか言うと、まるで知性に欠ける前近代的な人であるかのように侮蔑されます。「科学的なデータ」こそが絶対だという考え方が圧倒的に優勢なのです。

しかし、そもそも適切な「科学的データ」とはどういうものなのかについての考察は貧弱です。何をもって適切な「科学的データ」と言うのかは、科学的に結論が出せる問題ではありません。丁寧に考察し、議論を重ねていくしかない問題です。でも、そうした考察や議論はあまり活発ではありません。

こうした時代状況の中で、冷蔵庫の牛乳パックの牛乳が飲めるかどうかを、印刷された賞味期限の日付だけで判断し、匂いや味で確認することをしない人が増えているように見えます。感覚を研ぎ澄まし、自分の感覚を信頼できる判断材料にしていく訓練が、現代社会では著しく乏しくなったのです。

現代人は、自分の感じている感覚に鈍くなっていると思います。自分が何を知っているかを知りません。自分の中にある深い智慧を参照しません。生き物としての人間が、その進化の過程で備えるようになった本能的な危険回避能力を用いません。マイケル・ポランニーが「暗黙知」と呼んだような、自分自身でも認識していない智慧の源泉を大事にしていません。言葉にして説明できないもの、人生経験の中で蓄えてきた智慧を軽視します。こうしたものよりも、計器で測定された数字、統計的な数字、経済的な数字を優先してしまいます。客観的で、目に見え、説明可能なものに頼り、自分の中から湧いてくる心のささやきや、はっきり説明できない感覚を、努めて無視します。

近代化の中で、われわれは科学的で合理的な考え方を身につけました。もはやわれわれは迷信に惑わさることもなく、幽霊や狐の祟りに患わされることもなく、地獄を恐れることもなくなりました。しかしその背後で、大事なものを失って来たように思います。

面接においても、相手の雰囲気や気配を感じ取ったり、うまく説明できない印象を大事にしたり、勘を頼りに今後の面接方針を決めたりすることは、あまり推奨されません。むしろ、そういう感覚に頼らないよう、無視するよう、求められているようにも思えます。その結果、そうした感覚を感じ取ることが昔の人たちよりも下手になっていると思います。そういう感覚を鍛え、研ぎ澄ます必要も少ないし、その経験も乏しいからです。

けれども、面接を豊かなものにするためには、そうした感覚を鍛えていくことが大切だと私は思います。こんなことを言うと、非科学的・非学問的だと批判されそうですが、私にとっては面接が実際に生産的であり、効果があることこそが大事なのです。

30
直観に開かれる

カウンセリングをしていると、まったく理由は分からないけれども、面接中に突然、あるイメージが湧いてきたとか、ある映画の一場面が思い出されたとか、身体のどこかが痛くなってきたとか、そういうことがたまにあります。そういうことを、今のこの面接とは無関係なノイズと頭から決めつけるのではなく、心の深いところから発せられた重要なメッセージなのではないかと考えてみることから、豊かなやりとりが生じてくることも多いのです。

たとえば、強い態度で知的に話す大人の男性と面接しているときに、傷ついて一人ぼっちでしゃがみ込んで泣いている少年のイメージが湧くことがあります。薄幸な雰囲気を身にまとい、いつもうつむいて不遇を嘆く華奢な女性と面接をしているときに、正面からこちらを見据え、しっかりと地に足をつけて立っている力強い女性のイメージがちらつくことがあります。これらのイメージは、面接の中でその人が話している内容とは無関係なことが多いのです。おそらく、話されている内容とは別の次元で、面接者がその人について潜在的に感じたことがイメージ化されたものなのでしょう。

こうしたイメージは、客観的な根拠をまったく示すことができないものですから、面接の話題として直接的に取り上げるかどうかには慎重であるべきですが、軽く流さずによく注意を払って吟味することをお勧めします。しばらく後に、そのイメージに符合するようなその人の一面が見えてくることがあるかもしれません。そうでなくても、そうしたイメージに気づきを持つことで、その人との面接に深みが増すと思います。

ところで、このような直感を豊かに育てるにはどうしたらいいのでしょうか。難しい問いですが、私なりに今思うことを述べてみます。まずは、心に浮かぶことにオープンになることが大事だと思います。すぐに合理的には説明できなくても、浮かんでくるもの、感じられるものにオープンになり、何であれ出てくるものに気づきを向け、興味を持つこと、面白がることです。何か意味を見出そうとか、興味深い解釈をしようとか努力する必要はありません。むしろ、そんな努力を手放すことが大事です。ただ面白がるだけでいいのです。

直観を信仰し、直観に盲目的に従えばいいと言っているのではありません。それを最初から価値のないもの、意味のないものとして、無視する態度を疑問視しているだけです。

31 疲れているとき

仕事で面接をしなければならないのに、面接者がとても疲れているとき、憂うつなとき、元気がないとき、どうしたらよいでしょうか？

もちろん、病気で体調不良の場合には、事情を説明してキャンセルするしかないでしょう。また自分のコンディションが回復したときにもう一度面接を設定するのがベストです。決して無理をしてはいけません。

では、はっきりした病気ではなく、疲れているとき、憂うつなとき、元気がないときはどうでしょうか。そういう場合でも、一旦、面接をキャンセルするという選択肢もあるでしょう。とはいえ、そうもいかない場合も多いと思います。本調子ではないものの、面接をする必要がある場合もあるでしょう。そのように元気が出ないときには元気が出ないなりの会い方の工夫があってよいと思います。

そもそも、疲れていることは、面接をする上で必ずしも悪いことばかりとは言えません。面接者が少しトーンダウンすることで、かえって相手が元気になることもあります。こちらの弱々しい印象が、相手の警戒や緊張を解き、より自然な表現を助けるのでしょう。疲れていることで力みが取れて、普段よりも柔らかで自然な印象を与えるようになる場合もあります。

元気がないとき、人は元気なときにはしないような種々の反応をするものです。普段は抑制力があり、どんなときでも穏やかな対応ができる人が、元気がないときには、イライラを表に出すようになります。普段は相手を励ましたり、説教したり、パワフルに影響を与える人が、元気がないときには相手の話を淡々と聞くようになります。普段ならどんなに悲惨な話をされても眉一つ動かさない鋼鉄の心を持っているかのような人が、元気がないときには思わずもらい泣きをしたりするようになります。

元気がないときこそ、いつもとは違う自分の一面が表現されるチャンスです。ピンチは常にチャンスなのです。元気がないときを、そうした自分の未開発の一面を開発するチャンスなのだと捉えましょう。

ですから、元気がないときには、「ああ、とうとう成長のチャンスが来てしまった」と観念し、元気がないなりの面接をして、いつもとどこが違っているかを検討してみましょう。意外にいつもよりもうまくいっているところがきっと見つかるでしょう。

疲れを隠そうと頑張ったり、憂うつから逃げるように明るく振る舞ったり、無理に元気を出そうとしたりすることは、わずかに残されたエネルギーをさらに消費する上に、あまりよい結果をもたらさないと思います。むしろ、疲れている、憂うつだ、元気がないということをそのままに認めながら、その上で面接者としての役割を果たそうと考えます。疲れていても、憂うつでも、元気が出なくても、面接者としての求められる役割を果たせるならそれでよいのです。疲れや憂うつや元気のなさを何とかしようとするのではなく、疲れや憂うつや元気のなさを抱えながらも、役割をしっかり果たすことを考えます。

相手が「お疲れですか?」とか「元気がないですね」などと言ってきたら、それは幸運なことです。「そうなんです。鋭いですね」「よく分かりますね」などと返しましょう。「どこから分かりましたか?」「そんなことがどうやって分かるんですか?」「そういう感受性をどこで身につけたんでしょう?」などと、さらに尋ねていくこともできます。疲れた自分を、相手のありようを描き出すための素材として役立てるのです。

32 受け容れがたい感情を向けられたとき

カウンセリングはしばしば大きく感情を揺さぶります。その中で、クライエントがカウンセラーに激しい怒りを抱くようになったり、恋愛感情を抱くようになったりすることがあります。こうしたクライエントの感情はそれぞれ「陰性転移」「恋愛性転移」という専門用語で呼ばれます。こうしたいかめしい専門用語は、激しい感情を知的なやり方で扱い、その激しさから距離を置くために役立ちます。そしてその感情をカウンセラー個人に向けられたものではなく、カウンセラーという役割が引き起こした産物だと解釈するよう方向づけます。つまり、こうした専門用語は、激しい感情を向けられた専門家にとって、それに巻き込まれて身動きが取れなくなってしまうことを防ぐ安全装置となっているのです。そうした安全装置の存在は、それだけこうした感情が専門家にとっても対処困難なもので

32
受け容れがたい感情を向けられたとき

あることを示しています。

カウンセリング以外の面接においても、やはり面接の相手が面接者に激しい怒りや恋愛感情を抱くようになることはあるはずです。面接はしばしば面接相手の人生の重大な時期になされますし、人生を大きく左右する影響力を持っていることもあります。そういうとき、人は普段よりも傷つきやすくなりますし、また依存心も起きやすくなります。その結果、面接者に強い感情を抱きやすくなるのです。

面接相手から激しい感情を向けられることは、怒りであれ、恋愛感情であれ、面接者にとってしばしば大きなストレスとなります。とりわけ、そうした感情が面接者の職業的な役割の範囲を超えて、面接者個人の生活の場にまで持ち込まれるとき、ストレスはさらに強くなります。たとえば、仕事の時間外に電話がかかってきたり、メールに対応を求められたり、自宅に手紙が届いたりなどです。このように、激しい感情は職業的な役割関係におとなしく収まってくれないことが多く、そのことが双方にとって大きなストレスになります。

それではこのように激しい感情を向けられた場合、どう対処したらよいでしょうか。

こういった感情は、たとえ激しいものではあっても、はっきり言葉にされないことが多いものです。視線を逸らしたり、黙り込んだり、ふてくされたりしながらも「怒っている」とは言葉にされない。しぐさや態度で好意が表現されていても「好きなんです」とは言葉にされない。そういうことが多いでしょう。面接者としても、できることならそこははっきり言葉にせずに、曖昧なまま何とか通り過ぎたいと思うものです。それで何とかなるのなら、それもいいと思います。けれども、しばしばそれでは何ともならず、延々と同じようなやりとりが続いてしまうのです。そして、そうするうちにいっそうエスカレートすることさえあるでしょう。

ですから、なかなか思うように終息していかない場合には、はっきり言葉にして取り上げることが必要です。「怒っていますね」「もしかすると恋愛感情があるのではないでしょうか」というように。

怒りに関しては、自分のどういう言動が怒りを引き起こしたのか、尋ねてみます。そして言いたいことをしっかり言ってもらいます。恋愛感情に関しても、好意をはっきり表現するよう促し、しっかり話してもらうといいでしょう。そしてそれを面接者がきちんと理解したことを伝えます。そうやって相手に自分の感情としっかり向き合い、率直に表現してもらうのです。そしてその気持ちがしっかり受けとめられたと相手に分かるように伝えます。

32
受け容れがたい感情を向けられたとき

投げやりなことを言い放ったり、あからさまにため息をついたり、舌打ちをしたりしていた人が、怒っていることを率直に言葉にするよう求められると、とたんに自信なさげになり、小さな声で、つっかえながら話すということがよくあります。そこで丁寧に話を聞き、こちらが気づいてあげられなかったことを謝り、応えられる要望には応え、応えられない要望には事情を説明し、「よく言ってくれた」と感謝を伝え、そういうことをはっきり言うのはあなたにとって勇気がいることだっただろうねと労えば、それ以降、怒りの問題は鎮静化することが多いと思います。

恋愛感情についても、しっかりと表現してもらい、好意には感謝しながら、応えられないものは応えられないと、はっきり伝えます。恋愛感情を丁寧に扱い、しっかりと失恋の体験をしてもらえるようにします。しっかり失恋することは、人生の大事な思い出になります。相手の恋愛感情を大切に扱うからこそ、きちんと失恋させてあげるのです。そして、そこから先は相手に委ねるしかありません。

33 相手に不適切な感情を抱いたとき

面接しているときに、面接者の方が相手に対して、性的な魅力を感じたり、恋愛感情が湧いてきたりすることもあるはずです。カウンセリングに関して言うと、アメリカでなされた調査では、九割近くのカウンセラーが、クライエントに性的な魅力を感じた経験があると答えています。それほどまでに、面接場面において面接者に性的な感情が喚起されることは一般的なことなのです。

しかしながら、こうした経験はほとんどの場合、恥ずべきこととして封印され、率直に話し合われることは滅多にありません。その結果、面接者はこうした感情を体験することが一般的によくあることだと知る機会も失われますし、こうした感情をどう扱っていったらいいのかを検討する機会も失われます。そのことが、面接場面におけるセクシャル・ハ

33
相手に不適切な感情を抱いたとき

ラスメントを生み出す大きな原因になっているものと思われます。

面接者が面接の相手に性的感情を体験することについて考えていくに当たり、性的感情を体験することと、性的感情を行動化することとを明確に区別することが大切です。人間は理性的に考えたり、目的に向かって意識的に行動を調節したりする主体であると同時に、動物的な欲求を体験する主体でもあります。面接場面だから、動物的な欲求は関係ないとは分かっていても、そうした欲求を消滅させることはできません。ふと気がついたら、性的感情が喚起されているということもあるでしょう。性的感情の体験そのものを一切なくすことは不可能なのです。

しかしながら、性的感情を行動化し、面接中にそれを言葉で表したり、態度で表したりすれば、面接の目的は阻害されてしまいます。面接においては、面接者はしばしば強い立場、優位な立場にありますから、こうした感情を行動化することは、セクシャル・ハラスメントとなってしまうでしょう。

こうした感情を行動化してしまうことを防ぐためにも、それを無理に抑え込もうとせず、大らかに受け容れることが必要です。ただし、大らかに受け容れるというのは、そうした感情に注目し、捕らわれたり、溺れたりすることではありません。人間的にありうる反応だと認めた上で、それ以上は関わらないということです。そのためにも、こうした感情を体験したときどうしているかについて、率直に話し合える相手ないしグループがあると非常に有益です。

ストレスを強く感じている面接者、とりわけ対人関係において満たされていないと感じている面接者は、特に注意が必要です。そうした心理状況は、面接相手に対する性的感情を行動に移せば、自分の対人的不満足が解消されるはずだという幻想を強めがちだからです。もし、そのような危うさを自分に感じているのであれば、信頼できる相手やグループに助言を求めるとともに、自分自身を意識的にケアすることが大切です。

34
訊きづらいことを訊かなくてはいけないとき

面接の目的によっては、どうしても相手に特定の事柄について質問しなければならない場合があり得ます。

弁護士さんたちの集まる研究会で、法律相談の進め方についてのアドバイスを求められたことがあります。たとえば、大切な人を亡くしたばかりの人から、相続についての相談を求められた場合、亡くなった方がいつ亡くなったのか、どこで亡くなったのか、どんな死因で亡くなったのか、といったことを訊かないといけないことがあるのだそうです。つまり、そうした事実を押さえた上でないと、そもそも求められている相談にきちんと応えることができない場合があるということです。そうした仕事上の必要から質問をしようと思うのだけれども、その一方でこうした質問によって相手が傷ついてしまうことが心配で、質問すること自体を躊躇してしまいがちだというのです。

このように、相手の気持ちを思うと、なかなか訊きづらいことを訊かないといけない場面はしばしばあると思います。とりわけ相手を支援する目的でなされる面接では、面接者の言葉で相手を傷つけてしまうような事態は、当然、避けたいわけです。そこで面接者は、相手を支援するために必要な質問をすることと、不用意な質問で相手の心を傷つけないよう配慮することとの間でジレンマを抱えることになります。このジレンマは、何も面接者がうまく面接できていないから生じているものではなく、面接を進めていく上で避けられないものなのです。一般に、面接者がこうしたジレンマを抱えている場面では、そのジレンマをありのままに口にして共有し、相手の意見を尋ねることが有用です。

たとえば、以下のように伝えます。「あなたの相談に応えていくにはこういう質問をすることが必要なんです、でもその一方で、そうした質問があなたを傷つけないかと心配でもあるのです。その二つの思いの間で、どうにも身動きが取れなくなって困っています。これについてあなたに意見があれば聞かせてください。」

また別の進め方として、相手の気持ちに十分に配慮しながら、一歩ずつ慎重にステップを踏んで進めていくこともありうると思います。まず、これから相手にとっては答えるのがつらいかもしれないことを質問したいと思っていること、そしてそうする理由を説明します。

「ここで一つ、確認させてください。この相談は法律相談なので、これから相談を進めていく上で、どうしてもいくつか基本的な事実関係をお訊きして把握しておく必要があるんです。もしかすると今のあなたにとっては答えるのがつらいことがあるかもしれませんが、大丈夫でしょうか？」

具体的な質問の内容についてはまだ明らかにせず、ただそういう意図があること、そしてその理由について説明したところで、そのように進めてよいかをまず訊きます。質問の内容が分からないので、この段階では相手にはこの問いかけに答えることはできないでしょう。ですので相手は「どんなことでしょうか？」と尋ねてくると思います。

そこで、こちらが尋ねたい質問の内容を伝えます。その上で、それらの質問が必要な理由を重ねて説明します。そして、相手がそれらの質問に応じることができる心理状態なのかどうかを尋ね、それによってその後の面接の進め方を一緒に考えていきます。

「たとえば、亡くなったご家族が、具体的にいつ亡くなったのか、どこで亡くなったのか、どんな原因で亡くなったのか、といったことです。こうしたことを話題にするのはとてもおつらいことだと理解していますので、訊かずに済ませられるものなら私もそうしたいのですが、法律的な問題を検討する上で、どうしても避けて通れないのです。

もし今はそういう質問に答えるのはつらすぎるということでしたら、その気持ちはとても大事なものですから、私としては、無理をして相談を進めなくてよいと思います。もう少し時間が経ってから、そういうことを話題にできるようになってから、あらためてご相談になられる方がよいかもしれません。いかがでしょうか？」

もしそうした質問をされても大丈夫だという返事が返ってきたら、質問をして相談を前に進めます。ただしその場合でも、次々に質問を繰り出していくようなことは控えます。大丈夫だと言っていても、実際に受け答えをしていくうちに、本人にとっても予想外につらくなってくるということもあり得るのです。ですから、大丈夫だという返事が返ってきた場合でも、進めていく中でつらさを感じたら、いつでもやめてよいということを丁寧に伝えることが大事です。また、もしかするとまったく平気というふうに見えても、実はつらさを感じながらも、その気持ちを制御して、一生懸命冷静に答えようと努力しているのかもしれません。そうした努力を労うことも大事になってくるでしょう。

「そうですか。ありがとうございます。それでしたら一つずつ質問させてもらいますね。もしやりとりの途中でも、つらくなったら、我慢せず、遠慮なくおっしゃってくださいね。」

「つらい質問が続いたかもしれませんが、ここまで大丈夫ですか？　あと二つほど質問があります。つらかったらいつでも言ってくださいね。」

「つらいことを思い出させるような質問が続き、気持ちにご負担をおかけしてしまいましたね。でも辛抱強く答えてくださったおかげで、法的な問題のポイントが見えてきました。ご協力ありがとうございました。」

つらく感じるかもしれない質問をしていいかという問いかけに、今はつらすぎて応じられないという返事が返ってくることもあり得ます。その場合には、無理せず、あっさりとそれを受け入れることが大事です。相手の気持ちを尊重することは、遠回りのように見えても、最終的には最も近道なのです。

「分かりました。そのお気持ちを大事にして、今はゆっくりご自身をケアしてあげてください。そういう内容を話してもいいと思えるようになったら、ぜひまたこちらにご連絡くだされればと思います。また、もしどうしても相談を急ぐ必要があるようでしたら、心のケアを専門にするカウンセラーなどのサポートを受けながらこちらの法律相談の方も並行して進めるのがいいかもしれません。あるいは、話すのがつらいような事実関係について、他の方に文章にまとめてもらえるような状況があれば、そうしていただいて、その文章を持ってきていただくのでも構いません。」

このように、一つひとつステップを踏みながら、その都度丁寧に説明し、相手の意向を尋ねて尊重しながら、共同で面接を進めます。こうした配慮的で共同的な進め方により、相手に少しでも安心感を持ってもらい、面接者に対する信頼感を持ってもらうことが大事です。そういう関係を作り出すことで、相手は、気持ちに負荷がかかる質問にも取り組みやすくなります。

35

面接者が自分のことを話すのは？

面接は、相手のことを理解するために行われるものです。しかしときとして、面接者は面接の中で自分自身のことを話したくなることがあるかもしれません。面接者が自分のことを語るのは、面接にとっていいことなのでしょうか、それともよくないことなのでしょうか？　それは面接にとってどんな効果を持つのでしょう？

面接が相手のことを理解するために行われるものであれば、その目的の達成を促進する場合には、よいことだと言えますし、逆に妨害するのであればよくないことだと言えるでしょう。前にも述べたように、基本的には面接では相手に生き生きと豊かに話をしてもらうことが大事です。面接対象の人物を前にして、面接者の方が滔々と自分の意見を話し続け、相手が聞き役になっているというのでは、面接の体をなしていないと言えるでしょう。

ですから、面接者が自分の思いを話したくなったとき、それをそのまま話すというのは、通常は面接の目的を妨げるものであり、よくないことだと言えます。

しかしながら、場合によっては面接者が自分の経験、思い、感情、考えなどを表現することが、相手の表現を促進する上で大いに役立つことがあります。経験的に言って、面接の目的に寄与することを目指して、熟慮のもとに自分のことを話すことは、悪い結果を招くものではありません。

カウンセリングにおいては、面接者が自分のことを話す行為は「自己開示」と呼ばれています。自己開示は、適切に用いれば、面接を進める上で非常に大きな効果をもたらすことが明らかにされています。複数の調査から、カウンセラーが自己開示するほど、カウンセラーに対する好感度が上がることが分かっています。また面接を振り返って、何が役に立ったかをクライエントに尋ねると、「カウンセラーの自己開示」が挙げられることが多いのです。

カウンセラーの自己開示はこのようにクライエントからは高く評価されています。一方で、カウンセラー自身は自己開示に対して複雑な反応を示すことが多いです。カウンセラーに対する調査では、面接で役に立ったと思う働きかけとして、自己開示は「解釈」「言い換え」

35
面接者が自分のことを話すのは？

「開かれた質問」などの他のどの項目よりも低く、最下位の位置づけでした。

これは大変興味深いことです。自己開示は、カウンセラーにとって、あまり居心地がよいものではなく、複雑な思いを伴うものなのです。そして、そのように複雑な思いを伴いながらなされるからこそ、クライエントからは役に立つものと受け取られるのでしょう。カウンセラーが自己開示するとき、ただ自分が話したいから話して満足する、というような仕方でそうしているわけではないのです。

36 二種類の自己開示

一口に自己開示と言っても、そこには実に多様なものが含まれており、一概に論じることはできません。心理カウンセリングの世界では、これまで多くの議論がなされてきましたが、「今ここで感じられていることの自己開示」と「今ここを離れた自己開示」の二つを区別することが適切だという考え方が有力です。

「今ここで感じられていることの自己開示」とは、まさに面接中の「今ここ」で面接者が感じていることを口にすることです。「あなたからその言葉が聞けて嬉しいです」「あなたの話を聞いていて、何か温かい思いが湧いてきました」「今、こうしてあなたと話していて、何か近づけない、もどかしい感じがしています」などです。

継続的になされる面接では、初期のうちは「嬉しい」「感心した」「聞いていて胸が痛む」

36
二種類の自己開示

などの肯定的な内容の自己開示が有効です。ただし、自己開示は率直で正直なものであることが大切です。口先だけのものであれば、いくら肯定的な内容であっても、かえって信頼を損なうこともあり得ます。

面接を重ねていくうちに何らかの行き詰まりが生じた場合には、「距離があってもどかしい感じ」「責められているようで苦しい感じ」などの否定的な内容を含む自己開示が突破口になる場合もあります。ただ、否定的な内容を含む自己開示は、十分に考慮して慎重になされる必要があります。その場の勢いで安易になされるべきものでは決してありません。また、こうした自己開示は、より建設的な関係を作っていくためという積極的な意味を明確にしながら、温かく穏やかに伝えられる必要があります。自己開示は、面接の目的に寄与することが見込まれることを前提とし、相手のことを思ってなされるものなのです。

面接者が自分を守るために自己開示を用いるのは不適切です。ましてや相手を攻撃するための自己開示は極めて不適切です。自己開示は良くも悪くも強いインパクトを与えることが多いものですから、この点はくれぐれも注意してください。否定的な内容を含む自己開示は、迷いがあるならしない方が安全です。行き詰まりを打開するために、いちかばちかでするようなものではありません。

一般に、面接者が自分のことを話したいと思うとき、その自己開示は「今ここを離れた自己開示」であることが多いと思います。若者と面接している年長者が自分の若い頃のことを話したくなったり、面接の相手と同じような経験をしたことがある面接者が、自分の経験を話したくなったりするような場合です。「今ここを離れた自己開示」もまた、適切になされれば、相手との距離を縮め、面接を生産的に進めるのに役に立ちます。とはいえ、こうした自己開示が適切となる機会はそんなに多くはないはずです。自己開示は多ければ多いほど効果的というものではないのです。自己開示は適切になされれば効果的であり、ときには大きなインパクトを与えることもありますが、あまり頻繁にするものではありません。

自分が話したいという欲求に駆られた自己開示や、面接の主役を相手から奪うような自己開示、セッションの流れを妨げる自己開示、相手を困惑させるような内容の自己開示は避ける必要があります。また、たとえば恋愛感情のような、面接者と相手との役割上の境界を不明瞭にする可能性がある自己開示は避けることが賢明です。

自己開示をしたときには、その後が重要です。相手が自己開示に対してどのように反応しているかを特に注意深く観察し、どう感じたかを訊くことが大事です。そのようにすることで、相手の体験に焦点を戻し、相手を面接の主役の位置に戻すことができます。

37

泣きそうになっても涙を抑えるべき？

自己開示は面接者が自分の個人的な経験や思いを言葉にして表現することですが、これと関係して、非言語の自己表現があります。面接者によっては、思いがストレートに顔に出る人もあれば、ポーカーフェイスで何を考えているのか分からない人もいます。人間ですから、強く心を動かされれば、抑えようと努力してもどうしても顔に出てしまうということはあるでしょう。しかし多くの場合、ある程度はコントロールできるものです。面接者は自分の感じていることを素直に顔に出す方がいいのでしょうか？　それとも抑える方がよいのでしょうか？

もちろんこれは面接の目的によって異なるところがあると思います。捜査員による取り調べの面接であれば、あまり素直に感じていることを顔に出すと、相手に手の内を読まれてしまうことになり、そのことで面接の目的が妨げられるかもしれません。どこで自分の情動反応を抑え、どこでオープンにするかは、面接を巧みに進める上で、重要なポイントとなるでしょう。

カウンセラーの指導をしていると、「クライエントの話を聞いていて、思わずもらい泣きしそうになったのですが、何とか抑えました」といった話を聞くことがよくあります。こうしたカウンセラーに、涙を抑えた理由を問うと、専門家らしい態度を崩したくなかったという答えが返ってくることが多いです。専門家という役割と、一人の人間としての純粋で自然な反応とが葛藤し、その人は専門家としての役割の方が大事だと考え、そちらを保つよう努力したのです。

しかし面接の目的に照らして、涙を抑えることは役に立ったでしょうか？　涙を抑えた方が、涙を見せるよりもより効果的な面接が展開できたでしょうか？　専門家であるならば、面接の目的を促進するために役立つ方を選択するべきでしょう。カウンセリングのような情緒面での支援では、自然にあふれる涙を抑えずに相手に見せる方が、面接の目的に寄与することが多いと思います。どんな言葉よりも強い治療的インパクトを相手に与えることさえあります。にもかかわらず、多くのカウンセラーが「専門家としての役割を守る」という大義名分のもと、涙を抑えようと努力するのは奇妙なことです。

37
泣きそうになっても涙を抑えるべき？

訓練を受けたプロのカウンセラーでさえ、職業的な役割を通して相手と関わる方が安心なのです。職業的な役割の背後にある生身の人間としての自分を相手の前にさらけ出すことは怖いことなのです。抑えずに涙を見せることは、傷つきやすい裸の自分の心を相手にさらすことであり、勇気がいることです。しかしだからこそ、それは相手にとって大きなインパクトを与えるものになります。

ここでは面接場面における面接者の感情について、カウンセリング場面におけるカウンセラーの「涙」を例に説明してきました。世間一般の面接の場では面接者が涙を見せることはほぼあり得ないでしょう。しかし、面接者が面接相手に同情したり、魅力を感じたり、不快感を覚えたりすることはあるはずです。こうした面接者の感情をどう表現するのか、あるいは抑えるべきかを考える上で、カウンセラーの涙の例が参考になればと思います。

自己開示と同様、こうした非言語の自己表現についても、なんでもかんでもあけすけに表現すればよいというほど単純ではありません。また、どういう場合に表現すればよく、どういう場合に抑えた方がよいのかは、単純には言えません。とはいえ、面接者は、面接の目的に照らして、自然な自分の情動的反応をどのように表現するべきかを常に考える必要があるということは確かです。

38 強く被害を訴えている人の面接

何らかの被害に遭ってひどく傷つき、周囲に然るべき対処を強く訴え出ている人との面接について考えてみましょう。そうした面接には、特有の難しさがあります。

家族にせよ、学校にせよ、会社にせよ、組織には自己保存の力が働いており、組織のメンバーは、よほど気をつけていない限り、その力の影響を受けています。その中での被害の訴えは、どうしてもその訴えの場となった組織を揺るがすため、その組織に属する面接者にとっては素直に受けとめられない事態が生じがちになるのです。被害の訴えに対しては、その捉え方は大げさなのではないか、被害者の歪んだ見方に基づいた根拠の希薄なものではないか、本人が気にしすぎなだけではないか、といった疑いの目が向けられがちです。被害を申し立てている人の方も、こうした反応を予想して、あるいはすでにこうした

38
強く被害を訴えている人の面接

反応に何度も出会っていて、それに打ち勝とうとして普段の言い方よりも強い言い方になっているかもしれません。

被害を訴えるという行為は、実は最初からそうした背景や文脈に置かれた行為です。被害を訴えている人が、不自然に強く固い言い方をしている場合でも、それはその文脈における自然な反応として理解される必要があります。

被害はしばしば加害者と被害者しかいない密室の中で起きます。ですから、警察や司法関係者のような捜査権を持たない一般の面接者にとって、事実関係は当事者の証言からしか把握できないこともよくあります。中でも、家族における被害の問題は、家族メンバーではない面接者には非常に分かりづらいものです。家族は、閉ざされた空間での長期にわたる濃厚な人間関係であり、その中で起きていることは面接者の想像を超えていることがあり得ます。面接者は、自分に想像できる範囲が限られたものであることを自覚しておくことが必要です。そうでないと、無自覚のうちに相手を疑いの目で見る姿勢になってしまいがちになるからです。たとえ相手の言っていることとそのままを事実として信じることが難しい場合でも、疑惑の目で見ていると受け取られないよう注意した方がいいでしょう。

あるカウンセラーが、子どもの頃から兄に馬鹿にされ、いじめられてきたと訴える男性の相談を受けたときのことです。クライエントは兄から見下されてきたと訴えるのですが、カウンセラーにはそれが事実なのか、それともクライエントの一方的な思い込みなのか、確証が得られませんでした。そのため、カウンセラーは戸惑いながら対応したそうです。

面接でのカウンセラーの応答は「なるほど、お兄さんのその言葉を聞いて、あなたは見下されたと感じたんですね」「見下されたと感じたら、つらいですね」といったものでした。カウンセラーとしては、事実としてどうなのか判断がつかない中で、クライエントの気持ちに沿った応答をしたつもりでした。しかし、そうしたカウンセラーの応答に対して、クライエントの側はどうも釈然としない様子だったと言います。

このクライエントの反応が示している通り、残念ながらこうしたカウンセラーの応答は、クライエントにとっては、被害の訴えを分かってもらえたという体験にはならないでしょう。クライエントにすれば、主観的なつらさについては一応は理解されたものの、被害そのものについては、「それはあなたの受け取り方の問題ではないのですか？」という疑惑の目で見られたと感じるだろうと思います。

このクライエントの訴えが客観的な事実なのかどうかは分からないというカウンセラーの考えは、間違いではありません。しかしこのような関わりでは、この先、このクライエントとどのように関わっていくことができるのか、見通しが立たないと思います。たとえ

38
強く被害を訴えている人の面接

クライエントの訴えが客観的に正しいものであるかどうか分からなくても、そのクライエントを支援するための面接であれば、少なくともその訴えを聞く最初の段階では、クライエントの訴えを文字通りの事実として聞いていくことが重要だと私は考えています。つまり、「そんなことがあったんですね！」「お兄さんに見下されて傷ついたね」といった反応を返す方がよいと思います。

そもそも、こうした人間関係における出来事に関して、事実とは何なのかを考えてみる必要があります。物理学の実験とは違って、こうした人間関係上の出来事に関しては、客観的な「事実」と、それを語る人の「解釈」とは、はっきり区別することができません。あらゆる「事実」についての語りには「解釈」が入り込んでいます。解釈なしに事実を語ることはできません。世間一般で「事実」と言われているものは、「事実」についての「社会的に合意された解釈」のことであって、解釈の余地のない客観的な事実などではありません。そんなものは存在しようがないのです。ちなみに、こうした見方は、社会構成主義と呼ばれています。

社会構成主義のこうした考えに基づけば、クライエントの被害の訴えを、たとえそれが事実かどうかは判然としなくても、文字通りの事実として聞くことへのハードルは下がるのではないでしょうか。その上で、事実についての他の解釈の可能性を検討することが大事です。クライエントと、今後、他の解釈の可能性を検討する作業に取り組むためには、まずクライエントと信頼関係を形成しなくてはなりません。そのためのスタート地点としては、カウンセラーが、「事実」についてのクライエントの「解釈」を採用し、その見方に立ってみることが有用なのです。

そうやってカウンセラーがクライエントの訴える被害を文字通りに受け取って聞いていった上で、どこかの時点で「ちょっと待って。もしかしたらこういうふうにも考えられるかもしれないです。どう思います？」と他の解釈を提示してクライエントの考えを訊くのです。クライエントにこの問いに取り組んでもらうには、まずカウンセラーがクライエントの見方に立ってみることがどうしても必要だと思います。

39 笑顔でつらい話をする人

話の内容は、不安、怖い、憂うつといったつらい話なのに、終始笑顔で話す人がいます。なぜつらい話を笑顔でするのでしょうか。

このことは逆の面から考えてみると分かりやすいかもしれません。つらい話をつらそうに話す人は、どうしてそうできるのでしょう。泣きながら話す人は、どうしてそうできるのでしょう。つらそうな表情や涙は、今、つらい気持ちを直接的に体験しているサインです。また、つらそうな表情や涙には、相手に助けて欲しいと伝えるコミュニケーション機能があります。誰か他の人の前でつらそうな表情を浮かべたり、涙を見せたりすることは、それを見せても相手が非難したり攻撃したりしてこないという信頼があることを示しています。おそらく相手はその表情や涙のメッセージを受け取って、助けてくれるだろうという期待があることを示しています。少なくとも、つらそうな表情や涙を見せたときに、ちゃんと受け取ってもらい、助けてもらった経験がなければ、そうした表情や涙を人に見せることはできないでしょう。

子ども時代に、つらそうな表情を見せたときに、それぐらいのことでつらそうにするなと怒られたり、涙を見せたときに、泣くなと怒られたりした経験が多い人は、人前でつらそうな表情を見せたり、涙を見せたりしなくなるだろうと考えられます。たとえつらそうな顔をして怒られた経験がなくても、いつも強くしっかりしていることを期待されて育った人は、自分の弱い面を人に見せることを避けるようになります。そうした人も、人前でつらそうな顔をしたり、涙を見せたりはしない人になることでしょう。

泣いたら怒られる、いつもしっかりしていなければならない、人に頼るのは弱い人間だ、自分は強くあらねばならない、といった考えを心のどこかに抱いている人は、つらい気持ちを持っていても一人で抱えることになるため、ストレスを溜めやすくなります。その結果、カウンセリングを受けにくることにもなりやすいのですが、そういう人はつらい内容の話も笑顔ですることになりやすいのです。

こうした人が、つらい話を笑顔でしているとき、面接者はどんなふうにその話を聞けばいいのでしょうか。面接者も反射的につられて笑顔になってしまうかもしれません。面接

39
笑顔でつらい話をする人

者は笑顔になってしまうのを無理やり抑える必要はないかもしれませんが、お互いにずっと笑顔で会話しているだけでは、そうした相手のあり方に変化をもたらすことはできないでしょう。つまり、いつまでたっても、相手が笑顔で話すのをやめて、つらい体験をつらそうに話すようになる日は来ないでしょう。

こうした場面では、そのことにはっきりと注意を向けることがしばしば役に立ちます。「お話を聞いていて、とてもつらい気持ちだと思うのですが、笑顔で話されていますね」とそこに注意を差し向けます。

このとき、非難的なトーンにならないように気をつけましょう。つらい気持ちを笑顔で話すのはよくないことなのだというメッセージを伝えてはいけません。机の上にリンゴがあるのを見たときに「机の上にリンゴがあるね」と言うのと同じようなトーンで、「つらい話を笑顔で話されていますね」とただありのままに記述するのです。「つらい話はつらそうに話すのが健康的なのだ」「あなたはつらさの感情を防衛している」といったことを指摘する意図を持ってはいけません。そんなことはよけいなお世話なのです。

むしろ、つらい話を笑顔でするように育ってしまった、その人の人生の寂しさを思いましょう。心細くてもなお周囲の期待に沿って、つらいことを一人で抱えているその人の健気さを思いましょう。

そのような思いを抱きながら、「笑顔で話していますね」と注意を笑顔に差し向ければ、その瞬間に、相手の目から温かな涙があふれるかもしれません。相手はなお涙を抑えてしっかりと話をしようと努力するでしょう。その際には「涙を抑えることはありませんよ。涙を流させてあげましょう。話は後でゆっくりお聞きしますから、今はその涙のために時間を取りましょう」と、直接的な体験に留まるよう促すことが役に立つでしょう。そのことは、相手にとって、この関係の中では、つらい体験に触れてもいい、涙を見せてもいい、弱い面を見せて頼ってもいいという、新しい関係体験となるでしょう。

そうした体験を重ねることで、初めて、つらいことをありのままにつらそうな表情で話すことができるようになるのです。

カウンセリングではない、他の種類の面接においても、話し手の表情や態度と、実際の体験とが一致していないことはしばしばあるはずです。酷い事件に巻き込まれて悲惨な体験をした人が、取材のインタビューで、まるで平気そうに冷静に体験談を話すことがあるかもしれません。職場でのハラスメント被害者への聞き取りで、被害者が笑顔を浮かべながら被害体験を語ることがあるかもしれません。こうした面接をするに当たり、先に述べてきたことが面接者の参考になれば幸いです。

40
対面の面接とオンラインの面接

近年、コロナ禍の下で、オンラインによる面接が一気に普及しました。多くの会議はパソコンの画面を通して行われるようになり、ビデオ通話を用いた行政窓口も始まっています。医療機関においても遠隔の診察が広がりつつあります。もちろん、カウンセリングに関しても、ビデオ通話によるオンライン・カウンセリングが広がっています。

オンラインの面接は利便性が高く、物理的な距離の制約を超えられる、移動にかかる時間的・経済的・労力的コストが削減できるなど、多くのメリットがあります。またその結果、オンライン面接では、対面ではなかなか出会えないような人たちとの出会いが可能になります。たとえば、遠方の人、育児や介護などで外出しづらい人、身体的な障害などで移動に不自由のある人などです。

一方で、オンラインの面接にはさまざまなデメリットもあります。オンライン面接ではやりとりに微妙なタイムラグが生じがちで、会話のリズムが不自然になりがちです。視線が合わない、上半身しか見えない、息遣いや匂いなどの微妙な非言語情報が得られない、などもデメリットとなるでしょう。

こうしたデメリットから、オンラインの面接にはなお否定的な意見もあります。しかしながら、現実問題としては、オンラインの面接は、現代社会における重要な面接方法の一つとしてすでに定着しています。またこの先もオンライン面接が社会から消えることは想像できません。むしろますます浸透していくものと予想されます。現代の面接者が直面している課題は、オンライン面接の特性をよく理解し、それを活かすように使えるかどうかということにあります。どういった場合に直接会って面接し、どういった場合にはオンラインで面接するのか。オンラインのコミュニケーションにしても、ビデオ通話、音声通話、チャットなどさまざまなものがあります。アニメーションのアバター（分身）を用いたビデオ通話もあります。今後はメタバース（仮想空間）が普及する時代が来るとも言われています。日々、進化していく多様なオンライン・コミュニケーションの様式を、それぞれの特性を理解して使い分け、従来の対面の面接を補う選択肢として用いることで、面接の可能性を広げることが求められています。

40
対面の面接とオンラインの面接

カウンセリングの領域におけるオンライン面接の研究では、これまでのところ、オンライン面接の効果は、対面の面接のそれと変わらないようだという結果が得られています。こうした研究結果は、オンラインの面接の価値を保証する力強いエビデンスです。とはいえ、対面の面接とオンライン面接との間で、研究上、測定される効果に違いがないということは、対面の面接とオンライン面接がまったく同じものだという意味ではありません。実際、現場のカウンセラーの肌感覚では、やはりオンライン面接と対面の面接とはかなり違った性質のもののように感じられます。

オンラインの面接では、対話する相手は画面の中ですから、対面の面接よりも能動的な注意力が必要です。また、オンライン面接では非言語的なコミュニケーションの量と質が低下しますから、それを補う想像力が必要です。こうした集中力や想像力を引き出すために、面接に対する動機づけも必要です。オンライン面接が効果を持つのは、面接者にも面接の相手にも、注意力、想像力、動機づけがある場合だと言えるでしょう。

こうした条件が理想的に揃っている場合でも、オンライン面接と対面の面接は、なお重要な点で違っています。それはオンライン面接では、絶対に相手に触れることができないという点です。相手の手を握ったり、肩を抱いたりすることはできません。相手を殴ったり、蹴ったりもできません。愛も憎しみも、直接、身体的に表現することができないのです。もちろん、通常の職業上の面接では、対面の面接であっても、相手に触れることは滅多にないでしょう。それでもなお、触れることができる状況で触れないことと、最初から触れる可能性がない状況で触れないこととの間には重要な違いがあります。

たとえば、互いに相手に怒りを抱いている状態で面接する場合を考えてみてください。そのような面接の場合、対面の面接よりもオンライン面接の方がお互いにリラックスして話せるでしょう。オンライン面接であれば、もし相手の言葉にカッとなったとしても、絶対に暴力を振るう事態になることはないと保証されているからです。ですから、こうした状況下でともかく安心して話すことが大事なのであれば、オンライン面接の方が適切でしょう。

一方で、オンライン面接では、攻撃的な内容や性的な内容が表現されやすくなると言われています。それは、そういう内容を話題にしても、絶対に行動レベルの間違いが起きないと分かっているからです。対面の面接では、行動レベルの間違いに発展することへの不安から、そうした話題自体が避けられがちになるのです。

面接者には、対面の面接とオンラインの面接との間のこうした性質の違いをよく理解して、面接の目的にとってより効果的な方法を選択することが期待されます。

41 オンライン面接のコツ

オンラインでの面接は現代社会において広く浸透しつつありますが、なお業種や分野によってはまだ導入への敷居が高いところもあるようです。オンライン面接の導入に当たっては多くの面接者が不安を抱きがちで、そこには明らかに世代的な違いがあります。対面の面接で豊富な経験を積んできたベテランの面接者が、オンラインの面接には尻込みがちになることも多いようです。

そうした面接者がオンライン面接に対して抱いている不安の大部分は、情報通信技術に対する漠然とした不安であり、実際にオンライン面接を一度でも経験すると、そうした不安は大きく低下することが多いです。もちろん、オンライン面接は対面の面接と少々勝手が違うところはありますが、それでも面接の対応そのものはそう変える必要はないことを体験的に理解して安心するのでしょう。

前の章で述べたように、オンライン面接には対面の面接とは違った性質があります。それゆえ、対面の面接とは違った工夫が必要になってきます。ここでは、オンライン面接を効果的に実施するための具体的な面接技術について考えてみたいと思います。

オンライン面接は、情報通信機器を挟んで行われます。それゆえ、情報通信機器の性能は、面接におけるコミュニケーションの質にとって決定的に重要なものになります。通信環境や、カメラ、マイク、端末となる情報機器の性能は、面接の質を大きく左右します。面接者は、自分が用いる機器についてはもちろん、離れたところにいる面接対象者が用いる機器についても、面接の目的を果たす性能を備えているかどうかに、注意しておく必要があります。

カメラは面接者が顔を上げた際の目の高さに設置されていることが望ましいです。ノートパソコンやタブレットを使う場合は、スタンドなどを用いて、カメラが目の高さにくるように調節しましょう。デスクトップのパソコンの場合にも、カメラの位置を同様に調整します。モニター上に映し出される相手の顔にできるだけ近いところにカメラがあることが望ましいでしょう。オンライン面接では相手と視線が合うことはありません。しかしこの視線のずれは、モニター上の相手の顔とカメラの位置との間の距離が近くなれば、小さ

41
オンライン面接のコツ

くなります。この視線のずれを最小にできるよう、カメラの位置を調整します。

オンライン面接では照明に気を配ることも非常に重要です。逆光では、表情がほとんど分からなくなってしまいます。前方から十分な明るさの光が顔に当たるように、照明との位置関係を調整してください。光量が足りない場合には、補助ライトを使用することが必要です。面接の相手にも、しっかり表情が見えるように同様の調整をお願いします。

マイクとスピーカーにも技術的配慮が必要です。端末の性能によっては、ハンズフリーでの会話では、発話の最初の部分が聞き取りづらくなる場合があります。そういう場合、ヘッドセットを使えばその問題は解消されます。

オンライン面接では、非言語情報の量と質がどうしても低下してしまうため、カメラやマイクなどの機器の調整は非常に重要です。微妙な表情や息遣いなど、きめ細かな非言語コミュニケーションを大事に考えるのであれば、こうした調整に気を配ることが大切です。


技術面やハード面以外にも気を配るべきことがあります。

面接室で行われる通常の対面の面接では、面接者は室内の状況をほぼ完全に把握することができます。しかしオンラインの面接では、面接者はカメラに映る範囲でしか相手の状況が分かりません。カメラの死角に他の人がいて、面接の様子を見ている可能性は排除できません。

　不登校の中学生にオンラインで面接を行っているスクールカウンセラーから聞いた話です。あるとき、生徒が普段と違ってどこかぎこちない様子であることに気がつきました。カウンセラーが手元にあった紙に「誰かいるの？」と書いて黙って画面に提示したところ、生徒は小さく頷いてみせたといいます。

　面接の目的にもよるでしょうが、通常、オンライン面接は、その開始に先立って、プライバシーが守られ秘密保持が保障される環境からアクセスしてもらうようお願いし、それができないようなら面接は行えない場合がある旨を伝えることが多いです。そうした説明をして合意してもらった上で面接をしていても、面接相手が第三者の視聴可能な環境からアクセスしている可能性はなお排除できないことを認識しておく必要があります。

　他にも、オンライン面接では、対面の面接以上に沈黙の扱いが難しくなります。もしかするとオンライン面接と対面の面接の違いは、沈黙の中の交流の豊かさという点に最も現れると言えるかもしれません。対面の面接においては、気まずい沈黙や緊張感のある沈黙もあれば、安心感や信頼感で満たされた温かな沈黙もあり、沈黙にもさまざまな意味が自然に感じられやすいです。しかしオンラインの面接では、沈黙の意味はより分かりづらくなります。これは非言語的情報がより少ないことの直接的な影響だと言えるでしょう。ま

41
オンライン面接のコツ

た、オンライン面接では沈黙が長くなると、もしかして通信状況が悪くてフリーズしているのかなと不安になることもあります。こうした事情で、オンライン面接では、対面の面接よりも沈黙の時間の居心地が悪くなりがちです。

こうした点を補う一つの工夫として、私はオンライン面接では、沈黙の時間に「んんん…」とか、「あああ…」とか、その場の雰囲気に波長を合わせて音声を発することが多いです。そうやって言語的には意味を持たない音声によって、身体的なプレゼンス（存在感）を伝えているのです。

また、オンライン面接はどうしても言語的なコミュニケーションが優位になりがちですので、ともすれば知的なやりとりに終始してしまいやすいです。その点を補う工夫として、「一緒に深呼吸してみましょう」と身体的に一緒にいる感覚を共有したり、「今、体にはどんな感じがありますか」「ちょっと時間を取るので、その感じをゆっくり感じてみましょう」などと投げかけて、身体に直接的に注意を向けるよう促したりすることが役に立ちます。

42 年齢や性別などのギャップをどう超えるか？

現代社会は、多様性の尊重を推進しています。それに伴って、これまで周辺化されてきた人たちが力強く声を上げるようになってきました。男性しかいなかった職場に女性が加わるようになってきましたし、日本人しかいなかった職場に外国から来た人が加わるようになってきました。性的マイノリティの人がカミングアウトし、性的マイノリティとして社会に参加することも増えてきました。

また、テクノロジーの進歩の加速により、社会の変化がどんどん速くなってきた結果、世代間ギャップがどんどん拡大しています。古代・中世・近世ぐらいまでの社会では、親、祖父母、曹祖父母、曹曹祖父母と遡っていっても、社会のあり方はほぼ同じで、長老の言葉は若者にとっても古びないものだったと言えるでしょう。しかし明治時代くらいになると、若者は祖父母の世代の言うことは古くて時代に合わないと感じるようになりました。現代の若者は、もはや親世代の言うことさえ古いと感じています。

こうしたことの結果、面接相手との間に、年齢、性別、性自認、性指向、国籍などのさまざまな点でギャップを自覚する機会が増えていると思います。とりわけ、社会の主流の位置にいる人たちにとっては、これまで周辺化され、低く価値づけられ、あるいは存在そのものが否定されてきたさまざまな種類のマイノリティの人たちの声に戸惑うことが増えているかもしれません。その社会において主流に属する側は、よほどよく気をつけていないと、知らず知らずのうちに、その社会において周辺化されてきた人たちに対して、自分たちの見方を一方的に押しつけてしまいがちです。主流に属する人たちにとっては、自文化の考え方や価値観やライフスタイルが当たり前だと感じられているので、それとは異なる考え方や価値観やライフスタイルがあるとは想像さえつかないことが多いのです。

もちろん、あらゆるマイノリティについてあらかじめ知っていることは不可能ですから、出発点としては、マイノリティについて無知であることは仕方のないことだと言えるでしょう。しかし、自文化では周辺化されてきた多様な人々が実は身近に存在しているという認識を持ち、これらの人々を対等な存在として尊重することは、もはや現代において常識的に求められる大人の社会性の一部だと言えます。

先に述べたように、主流文化に属する人は、そこで周辺化されてきた人たちに対して気づかないうちに配慮を欠く言動をしがちです。主流文化に属する人は、自分たちがごく当たり前に与えられてきたものを与えられていない人たちがいることを気に留める必要さえなく、日々を過ごせてしまうことが多いのです。その結果、何の気なしに発した言葉が、周辺化されてきた人たちを傷つけるのです。主流の位置にいる人たちは、このことを強く銘記しておく必要があります。マイノリティ側の人たちは、主流文化に属する人の何気ない言動に潜むマイクロ・アグレッションを敏感に感じ取り、傷つきます。マイクロ・アグレッションとは、あからさまな差別や侮蔑ではないけれども、微妙な形で排除したり価値下げしたりする、目に見えない小さな棘のようなコミュニケーションの要素です。

カウンセリングにおいては、異文化のクライエントを対象とする場合、可能ならばクライエントと同じ文化圏の人がカウンセリングをする、クライエントの母語でカウンセリングするなど、相手の文化に合わせて関わりを調整することが効果を高めるということが調査によって明らかにされています。それが無理な場合でも、相手の文化を尊重し、必要に応じてその文化の知恵や慣習や儀式を取り入れて関わることが効果を高めることが分かっています。そもそも、効果を云々する以前に、カウンセラーに相手の文化を尊重する姿勢がなければ、カウンセリングのスタート地点で必要とされる信頼関係さえ構築できないでしょう。

クライエントの抱えている悩みの多くは、人間関係の問題を含んでいます。家族や地域社会で望ましいとされる人間関係のあり方は、文化によってかなり異なります。カウンセラーは、こうした点で、自分の文化の常識を一方的に押しつけないよう注意する必要があります。家族という集団の利益がどうであれ、個人の権利を明確に主張することが良しとされる個人主義的な文化もあれば、家族の利益のためには自分の権利主張を控えることを良しとする集団主義的な文化もあります。カウンセラーは自文化の常識的な見方から、クライエントの見方に違和感を覚えるかもしれません。そのような場合でも、クライエントが属している文化の価値観を尊重し、そこに配慮して面接を進める必要があります。

中高生向けのチャット相談（スマホでの文字によるやりとりの相談）の現場で、カウンセラーから度々尋ねられる質問に、中高生とやりとりする際に、砕けた言葉を使った方がいいのか、職業的相談員としての丁寧な言葉を使った方がいいのか、というものがあります。「〜なのよ」「〜じゃん」といった砕けた文体を用いるか、「〜です」「〜ます」といった職業人らしい大人の文体を用いるか、ということです。これと関連して、中高生が用いるネットスラング「草生えるわ」「マジかｗｗｗ」といった表現を使うべきかどうかもよく問われます。

これもまた、異なる文化間のコミュニケーションの問題です。基本的には、相手の文化を尊重することが大事でしょう。もし相談員がそうした砕けた表現やネットスラングに馴染んでおり、違和感なく使えるのであれば、そういう文体で相談を受けることもありだと私は思います。ただ、相手の文化を尊重するというのは、単に相手の文化に同調することを意味するわけではありません。相手の文化に敬意を払い、興味を示すことは大事ですが、無理をしてでも相手の文化に合わせなければならないというわけではありません。お互いに相手の文化を尊重し合える関係を作ることが大事でしょう。公的な組織で行っている相談であれば、あまり砕けた表現は不適切だという判断もあってよいと思います。

また当然のことですが、企業の採用面接のような場では、基本的にはその企業の文化に適合できるかどうかを見ることが重要な目的の一つですから、相手の文化に合わせてやりとりすることにはなりにくいでしょう。しかしそうした面接においても、なお相手の文化を尊重する姿勢は必要です。どういう面で相手に合わせさせて、どういう面でこちらが相手に合わせるかを慎重に考慮することは重要なポイントになると思います。その組織にとっての異文化をどのように自文化に同化するのか、逆に組織の文化をどのように異文化に調整していくのかをよく考えることが必要です。文化的にギャップのある対象者との面接のあり方は、こうした考察の中で適切に検討される必要があります。その際には、公平性の観点から、単に相手を自文化に合わせさせることが、自文化が内包してきた不公平を温存することになる可能性を深く検討する必要があります。

43 マニュアルと面接者の個性

面接を行うに当たってマニュアルが用意されていることもあるでしょう。マニュアルに従い、可能な限りマニュアル通りに面接を進めることが、面接者に求められることも多いでしょう。個々の面接者がそれぞれ勝手な進め方で面接をしてしまうと、面接によって得られる情報にばらつきが出てしまいます。そうなると、面接結果を比較することが難しくなってしまいます。マニュアルによって標準的な手続きを定めることで、複数の面接者の面接が均質化され、面接者によるばらつきが抑えられます。そのことには明らかにメリットがありますし、場合によっては非常に重要になるでしょう。

面接とは違いますが、たとえば入学試験の試験監督の場合、基本的なセリフはすべてマニュアルに書かれていることが多いでしょう。試験監督者には、それを一言一句違わずに

43
マニュアルと面接者の個性

読み上げることが求められます。そして、想定されるあらゆる場合についての対応方法がこと細かく定められています。入試会場によって試験監督者の対応が違っていると受験生に不公平が生じる可能性があるため、できるだけ均質化する必要があるのです。

このように、マニュアルに沿った面接には一定のメリットがある一方で、マニュアル通りの面接にはデメリットもあります。マニュアルは、個々の面接者の個性を抑止します。つまり、個々の面接者が個性を発揮して創造的に進めることを抑止します。詳細なマニュアルに厳格に従うよう求められると、面接者はマニュアルを遂行するロボットのようになってしまいます。そこでは面接者の個性は邪魔なものと見なされており、面接者はできるだけ交換可能な存在になることが求められています。そのことは、面接から情緒的な豊かさを奪ってしまいます。たとえマニュアルに「笑顔で和やかに対応せよ」と書き込んである場合でも、面接者がそのマニュアルに厳格に従うよう求められるなら、面接者の笑顔は役割上の仮面のような印象が伴うものとなるでしょう。

面接の目的や内容によっては、情緒的に平板になったとしても、面接者の振る舞いが均質化される方が重要である場合も確かにあります。しかし多くの面接では、そうすることによって面接で得られるものまで平板化してしまいます。面接の相手に、自分のことを面接者に深く豊かに伝えたいと思ってもらうには、目の前の面接者が生き生きした反応を返してくれることが必要です。自分の話を目の前で聞いている面接者が、自分の話に応じて笑ったり、驚いたり、泣いたり、憤慨したり、気遣ったりしてくれるからこそ、面接の相手はますます心を開いて話したいと思うのです。ロボットのようにあらかじめ定められた標準的な反応をする人に向かって、心を開いて話したいと思う人はいないでしょう。

心理カウンセリングの領域における研究では、カウンセラーのマニュアルへの忠実度とクライエントの治療的な変化の間には複雑な関係があることが示されています。ある程度までは、カウンセラーがマニュアルを守って面接できているほど、治療成果は上がっていきます。しかしマニュアルへの忠実度が極端に高くなってくると、治療成果はかえって低くなるのです。極端にマニュアルに忠実なカウンセラーは、クライエントから敵意や反感を引き出してしまうのです。

ここで私はマニュアルが無意味だとか、マニュアルはない方がいいとか主張したいわけではありません。ただ、マニュアルを用いた面接にはメリットとデメリットがあり、それを踏まえて、マニュアルの用い方には工夫が必要だということが言いたいのです。面接の目的次第では、可能な限りマニュアルに忠実なロボットのようになった方がいい面接もあるでしょう。その一方で、マニュアルを大事にしながらも面接者の個性も大事にして、柔軟な運用を心がける方がいい面接もあるでしょう。マニュアルと面接者の個性との間のバランスをどう考えるかが大事だということです。

また以上にもかかわらず、マニュアルに忠実であることと、個性を発揮することとは、必ずしも背反するとは限らないということにも注意を喚起しておきたいと思います。そのことはクラシック音楽を例にとってみればよく理解できます。クラシック音楽では、優れた音楽が楽譜（音楽のマニュアル）になっていて、演奏者には楽譜に忠実に演奏することが求められます。クラシック音楽では、楽譜通りに演奏することは当然の前提であり、演奏者がフレーズを勝手に変えたり、創作を付け加えたりすることは許されません。けれども、心を打つ演奏では、演奏家はロボットのように演奏しているわけではなく、その演奏家の個性を豊かに表現しています。同じ譜面を演奏しながらも、異なった演奏家はそれぞれに異なった個性で、聴く人の心を揺さぶります。そこでは楽譜にある音楽と演奏家の個性とが一体となって感動的な演奏を作り上げているのです。そこでは、楽譜通りであることと個性的であることとが両立しています。

43
マニュアルと面接者の個性

マニュアルを用いた面接をする面接者は、このことをよく考える必要があると思います。マニュアルのある面接では、ともすると面接者は、自分の対応をマニュアル任せにしてしまい、自分の個性をマニュアルの背後に隠すような姿勢になりがちです。それでは豊かな交流はできません。相手が心を開いて深い話をすることはないでしょう。通り一遍の答えが得られるだけでしょう。

　マニュアルの有効性は、面接者の能力によっても変わってきます。マニュアルは、面接で何をどうすれば効果的に狙った成果を得られるかがよく分かっていない面接者にとっては非常に有用です。そうした面接者の場合、とにかく、マニュアルを理解し、マニュアルに沿った対応ができるよう練習することで、成果は上がっていくでしょう。しかし、面接者に、面接の目的や面接で取り組むべき課題を自律的に判断する能力があり、面接を柔軟に臨機応変に組み立てる構想力があるのであれば、マニュアルはむしろ面接の成果を引き下げることになるかもしれません。スポーツの競技で、他の人には真似できない優れた技術があり、その技術を活かした独特のプレーでどんどん得点を稼げる選手に、標準的なプレーの仕方を定めて守らせるようなことをしたら、少なくともその選手個人の成果は下がるでしょう。それと同じです。

44 共感されることを受け入れる

カウンセリングにおいては、よく共感が大事だと言われます。カウンセリングに限らず、さまざまな種類の面接に関して、面接を効果的に進めるために、共感が大事なことは変わらないでしょう。

こうした場合の共感は、当然の前提として、カウンセラー（面接者）がクライエント（面接の相手）に対して抱く共感のことを指しています。しかしその逆についてはどうでしょうか？　つまり、クライエントがカウンセラーに対して共感するということです。実はこれまで、カウンセリングにおいて、共感と言えば、もっぱらカウンセラーがクライエントに対してすることと考えられてきて、クライエントのカウンセラーに対する共感についてはほとんど考慮されてきませんでした。しかし、近年、共感を深めていくプロセスにおいては、カウンセラーがクライエントに共感するだけではなく、クライエントがカウンセラーに共感することも必要だということが理解されるようになってきました。

当然のことながら、共感は、カウンセラーが一人ですることではなく、相手があって初めて成り立ちます。いくらカウンセラーが共感したつもりでも、相手がそれを感じ取っていないなら、それはカウンセラーの一人相撲でしょう。それでは共感は成り立っているとは言えません。クライエントの話を聞いて、カウンセラーが共感したと言えるには、カウンセラーがクライエントの心理状態やその表現に心を開いて受け取るだけでなく、クライエントの方も、そうしているカウンセラーの心理状態やその表現に対して心を開いて受け取ることが必要です。共感が深まっていくプロセスにおいて、カウンセラーがしていることと、クライエントがしていることは、同じだとは言えないにせよ、かなり似ているのです。つまり共感は、カウンセラーがクライエントにすることであるだけでなく、クライエントがカウンセラーにすることでもあり、その両者が手に手を取って互いを促進することで深まっていくものなのです。

共感をこのように理解するなら、カウンセラーには、クライエントから共感されることを心地よく受け入れることが必要だということになるでしょう。カウンセラーがクライエントのつらい経験に心を痛めるとき、クライエントは、自分に共感して心を痛めているカ

44
共感されることを受け入れる

ウンセラーを見て心を痛めるかもしれません。カウンセラーは、カウンセラーの心の痛みに共感して心を痛めているクライエントを受け入れて、クライエントからのその共感をありがたく受け取ることが必要です。

このように、共感を深めていくプロセスにおいては、カウンセラーとクライエントが互いに対して共感し、互いから共感されることが必要なのです。カウンセリングのような援助的な種類の面接では、共感を深めることはとても大事なことです。場合によっては最も重要なことだとさえ言えるでしょう。すべてのクライエントがそうだとは限りませんが、多くのクライエントは、カウンセリングに深く豊かな共感の体験を求めています。

共感を深めるためにはカウンセラーに向けられたクライエントの共感を素直に受け取ることが重要であるという認識にしっかりと依拠すれば、カウンセラーは、クライエントからの共感を大事にし、感謝して受け入れ、促進することが必要だということになるでしょう。しかし、カウンセラーはしばしばこの点で間違いを犯します。つまり、カウンセラーはクライエントからの共感を拒否してしまうことが多いのです。

たとえば、病気で入院していたカウンセラーが退院して面接を再開したとき、クライエントは「先生、もう大丈夫なんですか？　無理しないでくださいね」とカウンセラーを気遣うかもしれません。このとき、カウンセラーの多くは、クライエントからのこうした気遣いを居心地悪く感じ、サラリと受け流してしまいがちです。おそらくこうしたカウンセラーは、支援者としての役割意識から、自分が気遣いをされる側になってしまうことを申し訳なく感じているのでしょう。もちろん、カウンセラーは支援者ですから、クライエントからの気遣いを期待するべきではありません。しかし、クライエントが自発的に心からの気遣いを示したとき、それをサラリと受け流すのは、ここでの考察に照らせば不適切だと言えるでしょう。その気遣いを自分の心の奥深くに迎え入れ、自分という存在の最も深い部分から湧き出してくる反応を素直に表現することが大事なのです。クライエントはそうやってカウンセラーが自分の気遣いを受け入れてくれたのを見て、温かな気持ちになるかもしれません。ここでもまた、こうしてクライエントとカウンセラーが互いに対して共感し、共感されることで、共感のプロセスが深まっていきます。

このように、共感は、カウンセラーとクライエントとがお互いに、ますますオープンに相手の反応を受け取り、心の奥深くから生じてくる反応をますます素直に相手に表現するようになっていくプロセスによって深まります。そのプロセスは、カウンセラーの側から始動されますが、クライエントの側から始動されることがあってはいけない理由はありません。

親子関係でも同じです。親が子どもを大事に思うように、子どもは親を大事に思っています。子どもには、親から共感されるニードがありますが、それだけでなく親に共感するニードもあるのです。より正確には、親に共感し、それを親に受け取ってもらうニードです。まだ二歳や三歳の幼児でも、子どもは親に気遣いを示します。そしてその気遣いを親から受け取ってもらえることは、子どもの情緒的発達にとって重要な意味を持っています。

共感は、本質的に相互的なものであり、一方通行では成立しないものです。それゆえ、共感のニードは、双方向のものなのです。親子であっても、教師と生徒であっても、上司と部下であっても、カウンセラーとクライエントであっても同じです。面接者は共感する側、面接の相手は共感される側と固定的に捉えてしまうことは、共感のプロセスを貧弱にしてしまう危険性があります。

45
無意識的で比喩的なコミュニケーション

カウンセリングをしている中で、話の本筋とは関係なく、クライエントが雑談のように何気なく語った話が、実はとても意味深い思いを示唆しているように感じられることがしばしばあります。

あるクライエントは、優等生で人気者で、友達もたくさんいるように見えましたが、心の中では深い孤独を感じていました。彼女は「友達」に対してはとても気を遣って明るく前向きなキャラを演じていましたが、そうした付き合いにとても疲れていました。

あるとき彼女は、前後の脈絡なくふと思いついたように、通学路にある空き家のことを話しました。「その家は、長いこと人が住んでいないみたいで、庭には雑草が生い茂って

45
無意識的で比喩的なコミュニケーション

いて、前を通るたびに寂しい気持ちになっていました。でもこの間前を通ったときには、庭が綺麗になっていて、誰かが住み始めたみたいなんです。同じ家なのに、活気が出てきて、明るくなったみたい。」

ちょうどその頃、彼女にはあまり気を遣わずに素のままの自分を出せる友達ができつつありました。

あるクライエントは、カウンセラーが温かい言葉で気遣うと、いつも感謝していました。その一方で、彼女はそうしたカウンセラーの温かい言葉に対して「本当に?」と疑いを向けることもありました。彼女には、そうした言葉を本心からのものと信じていいのか、疑いがあるようでした。

何回目かの面接の終わりに、彼女は帰り支度をして席を立ちながら、面接に来る途中に自販機でペットボトルのお茶を買ったことを話しました。「ホットと書いてあったのに、出てきたお茶は冷たかったんです」と言い、「騙された!」と笑いました。

それからしばらくして、彼女は、「先生はよく温かい言葉をかけてくれるけど、そういう言葉を信じて思い切って話してみたら、温かくない反応が返ってくることが結構あるので、そう簡単に安心できないです」と伝えてくれました。

あるクライエントは、父親の死とそれに付随するさまざまな生活の変化から、気持ちが落ち込み、カウンセリングを受け始めました。約半年のカウンセリングで状態が安定し、カウンセリングをそろそろ終わりにしていいのではという話が出てくるところまできました。そんなある日、話がひと段落ついたところで、前後の脈絡なく、最近母親と旅行した際のエピソードを話し始めたのです。「宿泊した旅館の中居さんのホスピタリティがすごく行き届いていて、一泊だったけど、とっても癒されました。チェックアウトのとき、その中居さんの姿が見えなかったので、感謝を伝えることができなかったんです。どうやって感謝の気持ちを伝えたらいいかなと思って。結局、帰ってから、手紙を書いて送ったんです。」

カウンセラーは、「もしかするとあなたは、私にも感謝の気持ちを伝えたいと思っているのでしょうか」と尋ねました。するとクライエントは急に涙ぐみ、「先生には本当に感謝しています。とてもつらい時期を支えていただきました。先生と出会わなかったらどうなっていたかと思います」と言いました。

いずれのエピソードでも、クライエントは、前後の脈絡なく唐突に雑談のようなトーン

45
無意識的で比喩的なコミュニケーション

で話し始めます。その話ぶりには、どこか熱があり、どうでもいい話のようでありながら、今、そのことを話したいのだろうという感触が感じられます。しかし当のクライエント自身、なぜ自分がそれを話したいのか、何を意図してそのエピソードを話そうとしているのか、はっきりしているわけではなさそうです。

いずれの場面でも、クライエントは無意識的に比喩的なコミュニケーションをしていると考えることができます。もちろんそうだと断定できるわけではありません。そんなふうに受け取るのは妄想的な考え過ぎかもしれません。ただ偶然そのときクライエントの心に思い浮かんだというだけで、何の意味もないのかもしれません。そうした可能性は排除できません。しかしなお、これらを無意識的な比喩的コミュニケーションかもしれないという視点を持つことで、面接におけるコミュニケーションは豊かになります。

ただし、こうしたコミュニケーションに気づいたとき、その場で即座に面接者が受け取った意味を開示するのがいいとは限らないということにも注意を喚起しておきたいと思います。そんなことをすると、相手は、デリケートな心の部分を不意打ちでさらされて辱められたと感じるかもしれません。そこは慎重に考える必要があるでしょう。

46 動機づけのない相手との面接

カウンセリングを受けるクライエントの多くは、自ら求めて面接を受けに来た人です。しかし、クライエントのすべてがそうであるわけではありません。かなりの割合のクライエントが、さまざまな事情から仕方なしに面接を受けに来ます。半ば無理やりに親に連れてこられた引きこもりの青年。しばしば酔っ払って問題を起こし、カウンセリングを受けにいかないなら離婚すると奥さんに言われ、渋々カウンセリングに現れた夫。事件を起こして停学処分になり、反省を深めるために指導教員に勧められてカウンセリングにやってきた大学生。頭痛などの身体的な症状があり、医者に勧められてカウンセリングにやってきたものの、自分はタフなのでストレスなど無縁だと言い張る男性。

カウンセリングでさえ、そういう受動的な姿勢のクライエントがたくさんいるのですから、世の中でなされているさまざまな種類の面接では、おそらくそういうことはかなりよくあるのでしょう。

自ら進んで面接を受けにきたわけではない人を相手にする場合、自発的に面接を受けに来た人を相手にするのとは違った工夫が必要です。多くの面接者が、こうした非自発的な来談者に対して、自発的な来談者に対するのと同じ対応をして失敗しています。

46
動機づけのない相手との面接

周りから見て問題があると見なされていても、その本人は自分に問題があるとは認識していないことはよくあります。周りからすれば面接が必要だということになるわけですが、当の本人は面接を求めているわけではないということがよくあるのです。

そうした場合、面接者にとっては相手に問題があることは極めて明らかだと見えるかもしれません。しかし面接の相手は自分に問題はないと言い張ります。そうなると、面接者は往々にして相手に問題を認めさせようとむきになってしまいがちです。面接者のこうした関わりは、当然、相手の反発を買います。最悪の場合には言い争いにまで発展してしまいます。

あるいは、面接者は、相手には問題があるということを当然の前提として面接を進めるかもしれません。どのようにすれば問題を解決できるかを説いたり、解決に向けて計画を立てようとしたりするかもしれません。しかしそもそも相手はその前提を共有していないのですから、こうした面接がうまくいくはずがありません。

面接者にとっての基本は、相手の考えや気持ちを理解し、相手の立場に立って考えることです。面接に取り組む明確な動機づけがない状態で来談した人を相手にするとき、面接者には何よりもまず、その状態を理解することが必要です。そこに理解がなければ、面接はチグハグなものとなり、失敗することになるでしょう。

面接への動機づけがない相手には、面接に応じてくれたこと自体を歓迎する姿勢をこちらから積極的に示すことが必要です。自分には問題はないと言われても、決して反論したりせず、むしろ温かい態度で相手の話を聴くことが大事です。相手の主張を理解しようとするつもりで聞いていきます。

ただし、面接者はこうした姿勢を示しながらも、どこかでは相手の主張を冷静に判断する部分も保持しておく必要があるでしょう。

自分に問題があることにどこかで気づいているのに、それを認めることができず、否認する人もいます。そのような場合、相手の言い分をただ鵜呑みにして聞いているだけでは、その人の役に立つことはできません。そんなことをしていたら、面接者も相手と一緒になって、問題を見ないようにする手助けをしてしまうことになるからです。それは面接者としても望むところではないはずです。そうした人は、問題を認めることをとても恥ずかしく感じているのかもしれません。問題に向き合い、取り組んで、変化を遂げる自信がないのかもしれません。そうした気持ちに思いを馳せながら、問題に目を向けられるようサポートすることが大切です。

中には、とても好感度の高い巧みな話しぶりで、問題などないのだと面接者を信じさせてしまう天才のような人もいます。アルコール問題を抱えていたある男性は、そうやって何人もの支援者を言いくるめながら、言いくるめられてしまう支援者を、内心、見下していたと言います。しかし、あるとき、どうしても言いくるめることができない支援者と出会います。その支援者は、男性に対して問題に取り組むようあくまで励まし続けたのです。男性は、その支援者を尊敬し、初めて自分にはアルコール問題があると認めたのです。

周りから問題があるとされて仕方なくやってきた人の話をしっかり聞いてみたら、その人の話にも一理あると思わされることもよくあります。つまり、単純にその人が問題だとして片付けてしまうのは不合理かつ不当だと考えられる、複雑な現実が見えてくることもよくあります。たとえば、反社会的な傾向があるということで面接に来た高校生が、真剣な眼差しで環境問題について語り、普通のやり方で訴えても誰も取り合ってくれないため、激しい手段に訴えざるを得ないのだと語る場合。あるいは、感情的に激しやすいということで組織内で問題視されている女性が、女性比率が非常に低い組織の中で、女性の待遇について長年にわたって納得できない思いを抱いてきたことが語られる場合。こうした場合、面接者は周りの主張と本人の主張との間で引き裂かれ、何が正しく適切なことなのか、両者の主張をどう理解しどう対応していったらいいのか、分からなくなってしまうこともあるでしょう。面接者は真実を見通す全能の力を備えているわけではなく、また善悪を裁く立場にもありませんから、当然のことです。

こうした場合にどうしていくべきかは、その面接の目的によって違ってくるでしょう。この問題を深く考えていくと「面接の技術」をはるかに超える問題になってきますので、ここではこれ以上踏み込んで考えるのは控えます。ただ、面接者は、面接するというまさにその行為において、何が問題なのか、誰が変わるべきなのか、誰に責任があるのか、といったことについての判断に否応なく関与させられてしまうものだということは認識しておく必要があります。面接者は、ただ相手からの情報を受け取るだけでなく、ただそこに居合わせること自体によって、何らかの反応を相手に返すことを避けられません。どれだけ反応を意図的に制御したとしても、その反応には、何らかの判断が含まれています。たとえ中立的な姿勢を取ったとしても、中立を維持して関わらないというのも一つの立場であり、語られたことへの判断を含んでいます。

自ら進んで面接に来たのではなく、誰か他の人に言われて面接に来た人の面接には、このように難しい問題が含まれています。

46
動機づけのない相手との面接

47

面接者の対応を責められたとき

カウンセリングの経過の中で、クライエントから責められることがあります。カウンセリングの方針が定まっていない、進め方が悪い、カウンセラーの言葉で傷ついた、など。もちろん、クライエントの訴えを真摯に受けとめ、我が身を振り返って、思い当たることがあるのであれば、率直に謝ることが大事です。カウンセラーがそこで防衛的な態度を示したり、言い繕って逃げたりすれば、クライエントとの関係はさらに悪化し、カウンセリングは失敗に終わる可能性が高まります。

たいていの面接者は、面接の相手から怒りを向けられることを好まないでしょう。ただ、相手が怒りを向けてくるのは、面接者との関係へのコミットメントあってこそです。人は、通常、どうでもいい相手にはさほど怒ったりしません。その意味では、相手が面接者に怒

47
面接者の対応を責められたとき

るのは、いい兆候だとも言えます。

繰り返し怒りが出てきて、面接が行き詰まることもあります。面接者が何を言っても相手を怒らせてしまうような場合です。そんなときに私がどうしているかを、例を挙げて説明してみましょう。

ある女性のクライエントは何度かの面接の後、怒りを爆発させました。彼女は「先生は一緒に考えていこうって言ったのに、少しも一緒に考えてくれないじゃないですか！」と怒ります。「私はどうしたらいいんですか？　この面接は何のためにしているんですか？この面接にいったいどんな意味があるのか教えてください！」と強く答えを迫ります。

こうしたときには、まずは深呼吸して、自分を落ち着けることが大事だと思います。人間は怒りを向けられると、反射的に自己防御の怒りに駆られるものです。心臓は激しく打ち、ノルアドレナリンが血管を通して体じゅうに行き渡ります。それは人間として避けられない反応です。そこで反射的に反撃して攻撃の連鎖に陥らないように注意します。面接者が、反射的に感情的な行動に駆られるモードから、気づきのモードに移行することが極めて重要です。これは、激しい怒りの衝動に単に駆り立てられず、怒りを抱えながらも落ち着いて対応するモデルを面接相手に示すことでもあります。

その上で、穏やかでゆったりした声で「怒っておられますね」と怒りへの気づきを促します。面接相手に反射的で感情的なモードから気づきのモードへの移行を促すのです。しかし、その移行はそんなに簡単には起こりません。相手は相変わらず怒りの反応を返してくることが多いでしょう。

しばらくそんなやりとりが続きます。その上で、次のように言います。

「そんなに怒られると、何を言ってもまた怒られそうで、怖くて何も言えない状態になってしまいます」

率直に自分の弱さを告白するのです。これはテクニックでもお芝居でもなく、率直な告白であることが大事です。

このように告げると、相手の怒りは鎮まっていくことが体験上多いです。人は自分が相手から不当に扱われていると感じると怒りに駆られますが、自分が相手を怖がらせていると知れば、怒りを抑えようとし始めるものです。怒りはその目的を遂げたので怒る必要がなくなるのです。ここからが大事です。怒りの背景にあった相手の認識を尋ね、理解することが必要です。

「とても怒っておられましたよね。何か自分が不当に扱われていると感じられたのですね。もしかするとなかなか言い出せずに我慢していたのかもしれないですね。どんなふうに感じていたのか、あなたの気持ちを聞かせてください」

47
面接者の対応を責められたとき

私がそう言うと、ついさっきまで激しく怒っていたクライエントは急にトーンダウンし、「どうせ誰も私のことなんか、本気で気遣ってくれる人なんていないんです。先生は違うのかもって私が期待しすぎたんです」と涙を流します。

「あなたは私が気遣ってくれることをすごく期待して、その期待が裏切られたと感じて怒っていたんですね。ショックだったし、傷ついたんですね」

「いつもそう。私は勝手に期待して、勝手に裏切られたと思って、傷ついて、怒りをぶちまけるんです。それでみんな私から離れていくんです」

「私も離れていくと思っているんですか？」

「先生にこんなに馬鹿みたいに怒り散らしてしまって、もうここには来られません」

「私はあなたに続けて来て欲しいと思っています。こうした人間関係のパターンについても、一緒に考えていきたいと思っているんです」

「先生は一緒に考えてくれるんですね。でも、結局は私が自分で決めなくちゃいけない」

「結局は自分で決めなくちゃいけない…それは、心細くて、寄るべないことですね」

怒りの背景を探っていくと、傷つきや、寂しさ、寄るべなさなどの気持ちが語られることは極めて多いです。こうした気持ちを語ってもらい、そこを理解できれば、面接は行き詰まりを乗り越えて展開することができます。

48
ユーモアの効用

ユーモアは、さまざまな仕方で面接の役に立ちます。ちょっとしたユーモアがその場の空気を和ませ、相手をリラックスさせます。ユーモアは、困難なテーマに向き合う緊張を和らげ、そのテーマを深めることを助けてくれます。つらいこと、恥ずかしいこと、惨めなことなどを見つめるとき、ユーモアはそこから目を逸らすことなく、力を抜くことを助けてくれます。喜劇王とも言われたチャールズ・チャップリンは、「人生は近くで見ると悲劇だが、遠くから見れば喜劇だ」と言ったそうです。ユーモアは、人生の痛々しい体験を、一歩引いたところから眺めてみる能力と関わっているのかもしれません。そのような意味で、ユーモアはしなやかなでありながら力強いものであり、人間的な器の大きさ、懐の深さがもたらすものです。

とはいえ、面接におけるユーモアの効用について真剣に考え始めると、それが一筋縄で

48
ユーモアの効用

はいかないことに気づかされます。そもそも、ユーモアとは何かということがよく分かりませんん。多くの学者がこの問題に取り組んでいますが、ユーモアについて学術的に一致した定義は得られていないようです。

ユーモアは、緊張よりはリラックスに、真面目よりは不真面目に、成功よりは失敗に、関係しているように思います。しかし、ただ単にリラックスしているだけ、不真面目なだけ、失敗しているだけではユーモアは成立しません。逆に、意図的に過剰な緊張、真面目、成功を表現すると、ユーモラスになったりします。なかなか捉えどころがないものです。

ユーモアは、それが置かれている文脈によって大きく影響されます。同じ言葉が、相手次第で、あるいは相手との関係次第で、相手を笑わせることもあれば、怒らせたり傷つけたりすることもあります。ユーモアのつもりで言ったことが、侮辱やからかいや嘲りとして受け取られてしまうことは実によくあります。軽い冗談のつもりで言った言葉に、相手が顔をこわばらせるような場合がそうです。ユーモアが機能するには、相手に対する、そして相手との関係に対する理解が必要です。相手に対する共感が必要なのだと言ってもいいでしょう。それゆえ、初対面の相手や、知り合ってまだ間もない相手に対しては、面接者はユーモアの使用について慎重である必要があるでしょう。

またユーモアが置かれている文脈には、その場のＴＰＯもあります。フォーマルな面接では品位を保つ必要があり、当然のことですが、いくら面白い冗談でも下品なものは受け入れられません。また差別的であるとかモラルに欠けるとか受け取られる可能性のある発言は、炎上を引き起こす危険性が高く、冗談だったでは済まされないこともあります。

とはいえ、相手のことをまだよく知らない状況や、フォーマルな面接など、緊張した硬い雰囲気の場面でこそ、ユーモアでその場を和ませたいと思うものです。面接者自身がその緊張感を苦痛に感じて、自分のためにユーモアを用いてその場を和ませようとする場合、特に注意が必要です。こうした場合、自分だけが面白がっていて、相手にとっては全然面白くなく、当惑するようなものになる可能性が高いからです。

カウンセリングの場面でユーモアがその効果を最大限に発揮するのは、カウンセラーのユーモアというよりも、クライエントのユーモアにおいてであるように思います。クライエントが自分の心の苦しみをユーモラスに表現する場合です。それは必ずしもカウンセラーにとって、単純に笑えるようなものではなかったりします。むしろ背景にあるクライエントの痛々しい体験を思うと、複雑な気持ちになるようなものが多いと思います。たとえば、プレイセラピー（遊戯療法）にやってきたある幼稚園の女児は、小さなフィギュアの動物たちの家族がお互いに激しく喧嘩する場面を、何度も繰り返し面白おかしく演じて

48
ユーモアの効用

みせました。カウンセラーは、親から得られた情報として、その子の家庭では長期にわたって毎晩のように両親が喧嘩をしているということを知っていました。この遊びには、家庭内での喧嘩の体験が表現されていると推測できるでしょう。こうした遊びのユーモアの要素は、そこにある体験の痛みを覆い隠しながらも、それを表現できるように助けています。

ユーモアにもいろいろあり、ただ面白おかしいもの、ただただ馬鹿馬鹿しいだけのものもありますが、最も上質のユーモアは人間に対する愛情を感じさせるものです。愚かで不完全な人間を愚かで不完全なままに、慈しみ愛するものです。優しく温かな眼差しで人間を見つめるものです。こうしたユーモアを発揮できるようになるには、人間的な成熟が必要になってきます。

49 相手の立場に立つ

カウンセリングのような援助を目的とした面接においては、共感がその成果を左右する重要な要因であることが知られています。カウンセリングに限らず、さまざまな種類の面接において、共感はやはり重要な役割を果たすものでしょう。

共感についての近年の研究では、共感は複数の要素によって形成されるプロセスだと考えられています。その複数の要素のうちの一つに、能動的な視点取りがあります。それはつまり意図的に相手の立場に立つということです。「相手の靴に足を入れてみる」という表現をすることもあります。相手の目から見たら、世界はどんなふうに見えるだろうか、今の状況でどんなことを感じるだろうかと想像してみることです。相手の生い立ちや現在置かれている状況などについての情報から、こんなふうに育ってきた人なら、今の状況を

49
相手の立場に立つ

きっとこんなふうに感じるだろうな、と想像してみることです。
「相手の立場に立って考えてみましょう」とは、世間一般でよく言われていることであり、ある意味では言い古されていることです。何も目新しいことではありません。にもかかわらず、プロのカウンセラーでさえ、この基本的なことができていないことがしばしばあります。

それは、たとえば、情報通信技術を用いた遠隔のカウンセリングに対する多くの専門家の反応に見て取れます。近年、SNSのチャット機能を用いたカウンセリングや、ビデオ通話によるカウンセリングなど、情報通信技術を用いた新しいカウンセリングの方法が出現してきました。しかし、こうした遠隔のカウンセリングに対する専門家の反応は実に消極的なものでした。多くのカウンセラーが、従来の対面のカウンセリングこそが本物のカウンセリングであって、遠隔のカウンセリングはその劣った代用品に過ぎないという見方を取り続けています。多くの専門家が、オンライン面接では非言語情報の質が低下する、視線が合わない、発話のタイミングがずれる、チャットでは文字情報しか得られないなど、遠隔のカウンセリングのデメリットだけに注目し、遠隔のカウンセリングでは効果的な援助はできないと考えます。

しかしながら、こうした見方を取っているカウンセリングの専門家たちは、カウンセリングを提供する側の立場を一歩も出ていないと思います。悩み苦しみを抱え、カウンセリングを受けるかどうかを迷っているだろうさまざまな人たちを想像し、一瞬でもその人たちの立場に立つことができれば、こうした見方を取り続けることはできないはずだと私は思います。

というのも、従来の対面の面接は、悩み苦しみを抱えている人たちの多くにとって、非常にハードルが高い面接の形態だからです。対面の面接では、予約して、お金と時間と労力をかけて電車やバスなどで移動しなければなりません。そして、専門家にとってはホームグラウンドでも、相談する側にとってはアウェイな見知らぬ場所で、自分の心の最も傷つきやすい柔らかい部分を曝け出さないといけないのです。この高いハードルを超えることができた人だけが、対面の面接に現れているのです。

カウンセラーの側は、自分がコントロールしている馴染みの面接室で面接する方が安心できるでしょう。「安心して気軽に相談してください」と言うのは簡単です。しかしこの場合、安心して気軽に相談しているのは、カウンセラーの方なのです。

遠隔カウンセリングに消極的なカウンセラーたちは、悩み苦しんでいる人は、みんなお金と時間に余裕があり、時間を守って面接室に行くことが容易にできると考えているのかもしれません。しかし悩み苦しんでいる人の中には、多くの問題を抱えていて、そのよう

49
相手の立場に立つ

には動けない人もいます。介護や育児で家を容易に出られない人もいます。身体的な病気や障害のために移動が不自由な人もいます。

こうした人たちの立場に立って、その思いをちょっとでも想像することができれば、遠隔のカウンセリングの価値と可能性を軽んじるような発言はできなくなるでしょう。

「相手の立場に立つ」ことがいかに困難かを示す最近のトピックとして、遠隔のカウンセリングの話を出しました。しかしこれは一例に過ぎません。プロのカウンセラーでも、自分が相手の立場に立てていないことに気づいておらず、自分は相手の立場に立っていると信じ込んでいることは多いのです。人はそれだけ、自分の立場を離れることが難しいものなのです。よほど意識して努力しないと、知らず知らずのうちに自分の立場からしか世界を見ていないということになってしまうのです。そのことは心しておくべきです。

50 あとはお任せ

　ここまで、面接を効果的に行うために、面接者はどんなことを考え、どんな工夫をすることが必要かを考えてきました。しかしどれだけ面接者が一生懸命に考えても、どれだけ細やかに工夫しても、うまくいかないことはあります。

　私自身、カウンセラーとして、うまくいかない経験をたくさんしてきました。面接の途中でクライエントが面接を放棄し、部屋を飛び出して帰ってしまったこともありました。何を言っても話が収まらず、最後は一方的に切り上げるしかなかったこともあります。クライエントに怒鳴られたことも、ものを投げつけられたことも、何度もありました。面接の経過で問題が悪化してしまったこともあります。面接していた人が自死により亡くなったという、最も悲しい知らせを受け取ったこともあります。

50
あとはお任せ

面接者の多くは、面接の目的を最大限に果たせるよう努めたいと思うでしょう。けれども、面接の主役は面接の相手であり、面接者ではないということを理解しておくことが必要です。面接者が面接を百パーセントコントロールできるかのような錯覚に陥って、自分の力だけで面接を動かそうとすれば、面接はその活力を失います。

今さら当たり前のことを言うようですが、つまりは面接は共同作業だということです。面接が単独作業ではなく共同作業である限り、面接者には、どこか相手に委ね、プロセスに委ねる、お任せの姿勢が必要です。「なるようになる」と言えば無責任で投げやりなように聞こえますが、面接者にはどこかそうした受け身の姿勢、相手を信じて流れに任せる姿勢も必要なのです。

ただし、このことは、面接者は無責任に相手任せ、プロセス任せでいいということではありません。面接者には、責任をもってその役割を担い、主体的に面接に関わることが必要です。それと同時に、面接相手の主体性を信頼し、面接のプロセスに従う受け身の姿勢も必要なのです。この能動性と受動性のバランスがとても大事だということです。能動的になりすぎてもダメだし、受動的になりすぎてもダメです。そしてそのバランスは固定されたものではなく、面接の局面によって常に変化する流動的なものです。

これと関連して、面接者はしっかり役割を果たすよう自分に厳しくあるだけではなく、面接者として完璧ではない自分を許し、穏やかに受け入れることが必要です。さらには、完璧ではない自分を愛することが必要です。ベストを尽くすことは必要ですが、自分がベストを尽くせば常にうまくいくわけではありません。どう転んでも、その先は相手にお任せするしかないのです。そのことをあまり悔やまないことが大事です。

本書では、ここまで面接について私の考えを述べてきましたが、それもここまでとなりました。ここからあとは皆さんにお任せします。皆さんはそれぞれにユニークな視点から本書を理解し、面接の実践に臨まれるのでしょう。私はそれを見ることはできませんが、ここから皆さんを応援しています。皆さんが面接者としてそれぞれ成長していかれますようお祈りしています。

著者略歴

杉原保史（すぎはら・やすし）

1961年、神戸市生まれ。京都大学教育学部、京都大学大学院教育学研究科にて臨床心理学を学ぶ。大谷大学文学部専任講師、京都大学カウンセリングセンター教授などを経て、京都大学学生総合支援機構学生相談部門教授。教育学博士（京都大学）、公認心理師、臨床心理士。日本心理療法統合学会副理事長。

主な著書に『プロカウンセラーの共感の技術』『技芸としてのカウンセリング入門』『プロカウンセラーの薬だけにたよらずうつを乗り越える方法』（創元社）、『SNSカウンセリング・ハンドブック』『心理療法統合ハンドブック』（誠信書房）、『キャリアコンサルタントのためのカウンセリング入門』（北大路書房）などがある。

プロカウンセラーの面接《めんせつ》の技術《ぎじゅつ》
2023年10月20日　第1版第1刷発行
2024年 6 月10日　第1版第2刷発行

著　者 ……………………………………………………
杉原保史
発行者 ……………………………………………………
矢部敬一
発行所 ……………………………………………………
株式会社 創元社
https://www.sogensha.co.jp/
本社　〒541-0047 大阪市中央区淡路町4-3-6
Tel.06-6231-9010　Fax.06-6233-3111
東京支店　〒101-0051 東京都千代田区神田神保町1-2 田辺ビル
Tel.03-6811-0662
ブックデザイン ……………………………………………
寺村隆史
イラスト …………………………………………………
坂本伊久子
印刷所 ……………………………………………………
株式会社 太洋社

©2023 Yasushi Sugihara
ISBN978-4-422-11813-0 C0011
Printed in Japan

落丁・乱丁のときはお取り替えいたします。

JCOPY 〈出版者著作権管理機構 委託出版物〉
本書の無断複製は著作権法上での例外を除き禁じられています。複製される場合は、そのつど事前に、出版者著作権管理機構（電話 03-5244-5088、FAX03-5244-5089、e-mail: info@jcopy.or.jp）の許諾を得てください。